JOYCE

Si no fuera por la

GRACIA
DE DIOS

Editorial Desafío

Unilit

Si no fuera por la Gracia de Dios por Joyce Meyer.

Editada por Asociación Editorial Buena Semilla
Apdo. 29724, Santafé de Bogotá, D.C. Colombia
bajo contrato con el autor.

1999 © Todos los derechos de esta edición en Español reservados
por Asociación Editorial Buena Semilla.

© Copyright 1995, Life in The Word, Inc. P.O. Box 655
Fenton, Missouri 63026

Publicado originalmente en inglés por
Harrison House Publishers Publishing,
P.O. Box 35035, Tulsa, Oklahoma, 74153, U.S.A. bajo el título:
"If not for the Grace of God." by Joyce Meyer.

Traducido por: Rogelio Díaz-Díaz

Publicado por: Editorial Desafío, Bogotá, Colombia

Distribuido por: —Editorial **Unilit**
                          1360 N.W. Ave 88th Miami, Fl 33172
                 —Editorial DESAFIO, Apdo. 29724
                          Bogotá, Colombia

Disponible en otros idiomas por Access Sales International (ASI)
P.O. Box 700143, Tulsa, OK 94170-0143, U.S.A.
Fax 1 (918) 496 2822

Impreso en Colombia
Printed in Colombia.

ISBN 978-958-8285-92-4
Producto No. 496897

Contenido

Contenido

Introducción

En estas páginas compartiré con usted algunas declaraciones dinámicas acerca de la gracia. La gracia es el poder de Dios disponible para suplir todas nuestras necesidades sin ningún costo, y lo recibimos sólo por creer, no por algún esfuerzo humano.

Sinceramente creo que si acepta y medita en estas declaraciones, ellas cambiarán literalmente su forma de caminar con el Señor.

En los últimos años he escuchado mucha enseñanza sobre la fe: lo que es y no es, y cómo actuar por medio de ella. A pesar de todo, y con plena honestidad, no estoy muy segura de cuántos creyentes comprenden en realidad lo que es la fe. Si comprendiéramos tanto sobre el tema, como afirmamos, veríamos mucha más victoria en nuestra vida diaria, de la que realmente vemos.

Todo conocimiento de la fe debe ser construido sobre la base de una clara comprensión de la gracia. Una de las verdades que compartiré con usted en estas páginas es una profecía, una palabra que recibí del Señor, la cual define la gracia, describe su papel y enseña su función en la vida del creyente.

En realidad la gracia de Dios no es complicada ni causa de confusión. Es sencilla y es por esa razón que muchas personas la pasan por alto. No hay nada más poderoso que la gracia. De hecho todo en la Biblia como la salvación, la llenura del Espíritu Santo, la comunión con Dios y la victoria en nuestras vidas, tienen su fundamento en ella. Sin la gracia nada somos, nada tenemos, y nada podemos hacer. Si no fuera por la gracia de Dios todos seríamos infelices y no tendríamos esperanza.

En Lucas 2:40 se nos dice que Jesús cuando niño... *crecía y se hacía fuerte en espíritu, se llenaba de sabiduría y la gracia (el favor y la bendición espiritual) de Dios estaba sobre él.*

Este versículo contiene todo lo que necesitamos para ser felices, prósperos y exitosos en nuestro cristiano caminar. Con frecuencia hablamos de todas las cosas que necesitamos, pero en realidad sólo una cosa requerimos, la misma que Jesús necesitó: ser fuertes espiritualmente, estar llenos con la sabiduría de Dios, y tener su gracia en nuestras vidas.

Si permitimos que la gracia de Dios reine plenamente en nuestras vidas, todo será posible. Sin ella todo será imposible.

Tal como Pablo le escribía a los creyentes de su época, todo lo que somos, hacemos y tenemos es por la gracia de Dios. Usted y yo somos cien por ciento insuficientes. Aunque a veces confesamos, tal como él lo hizo, *todo lo puedo en Cristo que me fortalece,* sólo es posible por la gracia de Dios.

En Efesios 2:10 Pablo nos dice que... *somos hechura suya (obra de sus manos), recreados en Cristo Jesús (nacidos de nuevo), para que hagamos las obras que Dios predestinó (planeó con anticipación) para nosotros (sendas que él preparó desde antes del comienzo del tiempo), para que anduviésemos en ellas (viviendo la buena vida que él preestableció y dispuso para que viviéramos nosotros).* El escritor de la carta a los Hebreos dice que nuestras obras fueron preparadas para nosotros por Dios... *desde la fundación del mundo* (Hebreos 4:3). De acuerdo con estos versículos, Dios nos escogió y reservó las obras de nuestra vida aún antes de que naciéramos, y de que el mundo fuera creado. Por esa razón es que debemos dejar de hablar de "nuestro" ministerio, como si fuera algo que nosotros emprendemos y realizamos por nuestra propia iniciativa y habilidad. En San Juan 15:15 Jesús dijo: ...*separados de mí (aparte de la unión vital conmigo) nada pueden hacer.*

En lugar de alardear de nuestros logros, gran poder, fortaleza o conocimiento, deberíamos comenzar cada día, diciendo: "Señor, aquí estoy, listo para hacer lo que tú quieres que haga. Saco todo de mí mismo hasta donde sé hacerlo, permitiendo que tu gracia fluya en mi vida y me capacite para que tu deseo sea hecho en mí. Deposito todo mi ser en ti. Yo puedo ser sólo lo que tú me permitas; tener sólo lo que tú quieras, y hacer solamente lo que tu poder me capacite para realizar. Cada victoria en mi vida es para tu gloria y no para la mía".

Usted y yo somos los instrumentos mediante los cuales Dios realiza sus obras. Somos socios de Dios. ¡Qué tremendo privilegio! Él nos permite compartir su gloria mientras recordemos que sin él nada podemos.

Si realmente creemos que Dios tiene el control de nuestras vidas, ninguna cosa mala nos podrá inquietar o desanimar porque sabemos que a través de ella está llevando a cabo *su* plan en nosotros. No nos gloriaremos en lo que *estamos* haciendo para Dios, sino en lo que *él* está haciendo por medio nuestro.

Debemos aprender a encomendar nuestras vidas a Dios, confiándonos a él en todo y para todo, apoyándonos, no en nuestra gran fe, sino en su gracia maravillosa. Es cierto que la fe es importante, pero aun la fe nos llega de Dios como un regalo por gracia. Todo en nuestra vida depende, no de nuestros méritos, habilidades u obras, sino de la divina disposición que usa su infinito poder para satisfacer nuestras necesidades, sin ningún costo para nosotros.

Eso es la gracia.

Si usted tiene necesidades hoy; ¿y quién no las tiene?, lo insto a que se las entregue al Señor. Está bien tener planes, metas y sueños en la vida; es maravilloso pedirle cosas a Dios y creer que las concederá, pero le sugiero decidir olvidarse de todo por un momento. Durante el tiempo que le tome leer este libro, libérese de todos los intentos de *lograr* alguna cosa por su propia fe y esfuerzos. En cambio, relájese y ponga su confianza sólo en el Señor. Hágalo en forma total y verá cuán dinámico poder traerá a su vida por el simple hecho de rendirse para *recibir* su gracia maravillosa. Creo que verá tal cambio en todo su enfoque de la vida, que nunca deseará volver a su vieja manera de enfrentarla.

1

Gracia superabundante

Al comenzar nuestro estudio de la gracia de Dios, me gustaría compartir con usted de manera breve la condición en que se encontraba mi vida cuando por primera vez el Señor empezó a revelarme lo que es realmente su gracia.

En ese tiempo yo tenía muy poca revelación sobre esta materia, pero a medida que la estudiaba el Señor incitó mi espíritu a confiar en una revelación mayor. Mientras lee, lo animo para que pida por fe una revelación más profunda acerca de este don maravilloso llamado gracia.

La palabra causa frustración

Cuando Dios comenzó a revelarme lo que es realmente la gracia, supongo que estaba tan frustrada como nadie más podía estarlo. ¿Por qué? Existían muchas razones diferentes para mi frustración, pero una de ellas, quizás la más importante, era la disyuntiva de creer o no la Palabra de Dios.

¿Cómo podía la Palabra causarme frustración? La razón es sencilla. Como le ocurre con frecuencia a los creyentes, yo estaba procurando *hacer obrar la Palabra,* en lu-

gar de *permitir que ella obrara en mí.* Lo que me frustraba
era la convicción que ella ejercía sobre mí.

Como puede ver, tenía muchos problemas en mi vida,
pero en realidad no sabía cuál era la causa. Pensaba que
me los causaban los demás. Estaba convencida de que si
las otras personas cambiaban y actuaban de manera diferente, yo podría tener tranquilidad y alegría. Entonces,
cuando comencé a estudiar la Palabra de Dios, ésta me
reveló que había muchas áreas de mi vida que necesita-
ban ser cambiadas. Cada mensaje que oía, ya fuera en la
radio, la televisión, por medio de un casete o en una reunión, parecía convencerme de mi necesidad de ser trans-
formada. El problema era que yo no entendía la diferencia entre convicción y condenación.

A medida que la Palabra me convencía, para lo cual
fue diseñada por el Señor, el diablo utilizaba lo que fue
hecho para mi bien, azotándome y condenándome. Miraba la Palabra y veía mi necesidad de ser cambiada, pero
no sabía que la gracia obraría ese cambio en mí. No tenía
el conocimiento que le permitiría al Espíritu del Señor
entrar a mi vida, y confiar en él para que obrara en mí los
cambios necesarios. Pensaba que *yo* tenía que hacerlo todo.

Trataba de cambiarme a mí misma, y de ser todo lo
que la Palabra decía. No sabía cómo rendirme al Señor y
confiar en él. No tenía ningún conocimiento sobre cómo
ser cambiada de gloria en gloria (según 2ª de Corintios
3:18 RVR), y cómo conquistar mis enemigos poco a poco
(Deuteronomio 7:22).

Además de procurar cambiarme a mí misma, también
trataba de cambiarlo todo, y a los demás. Quise cambiar a
mi esposo, a mis hijos, todas mis circunstancias, y todo lo
que creía era la raíz y la causa de mis problemas. Lo procuré una y otra vez hasta que sentí que agonizaba de
frustración. *Pretender cambiar algo que para usted es imposible produce frustración.*

Lo que yo hacía era operar bajo la Ley, y la Biblia dice que hacerlo produce frustración y finalmente desánimo y destrucción.

La ley y la gracia

Y todos los que dependen de la Ley (quienes buscan ser justificados por la obediencia a los rituales de la Ley) están bajo maldición y destinados a desengaño y destrucción porque escrito está: Maldito (maldecido, destinado a la destrucción, sentenciado al castigo eterno) sea todo aquel que no permanezca (persista) en todos los preceptos y mandamientos escritos en el Libro de la Ley para ponerlos por obra

(Gálatas 3:10).

No era consciente de que todos mis esfuerzos me estaban poniendo bajo la maldición de la Ley. Tomaba la buena Palabra de Dios y hacía de ella una ley. Miraba su contenido como algo que debía obedecer, en lugar de verla como las promesas que Dios cumpliría en mí por confiar en él y esperar su victoria. ¿Sabía que podemos hacer de cada palabra de la Biblia una ley, si no sabemos cómo acercarnos a ella apropiadamente?

Cada vez que nos sometemos a la Ley nos exponemos a ser infelices. ¿Por qué razón? Porque la Ley tiene la capacidad de hacer una de dos cosas: Si la cumplimos a la perfección nos puede hacer santos. Pero debido a que ningún ser humano puede lograrlo, la segunda cosa que la ley puede hacer es en realidad incrementar el pecado, lo cual conduce a la destrucción.

Los capítulos 2 y 3 de la carta a los Romanos nos enseñan que Dios dio la Ley del Antiguo Pacto para que el hombre, mientras procuraba cumplirla, descubriera que le era imposible, y se diera cuenta de su desesperada necesidad de un salvador.

¿Cómo ocurre tal cosa? La escuchamos o la leemos, y concluimos: "Si yo no guardo la Ley, perderé mi salva-

ción" o, "Dios no me amará si no me comporto de manera apropiada. Él dejará de amarme si no soy bueno o buena". Entonces comenzamos a ver la Palabra de una manera totalmente diferente a como Dios quiere. Todo lo que
él quiere es que enfrentemos la verdad y digamos: "Sí
Señor, tú tienes toda la razón. Yo necesito cambiar, pero
no puedo cambiarme a mí mismo. Tu Palabra es la verdad, pero mi vida no se ajusta a su contenido. Ella ha llegado a ser como un espejo para mí. En ella puedo ver que
estoy mal en esta área, y lo siento. Te pido que me perdo-
nes y cambies mediante tu poder y tu gracia".

Pero yo no sabía cómo hacer lo que le acabo de expo-
ner. No sabía nada del poder y de la gracia de Dios. Sólo
me esforzaba por ser buena, y por hacer lo que la Palabra
decía. Trataba de no hablar mucho, de someterme, de ser
más generosa, de que se produzca el fruto del Espíritu, de
orar y leer más la Biblia, de entenderla más cuando la leía.
Me esforzaba por ser una mejor esposa, mejor madre, etc.

El resultado: Estaba totalmente frustrada. Un significado de la palabra *frustración* es desilusión, el fracaso para
lograr una meta, o cumplir un deseo.

Como San Pablo bien lo describe en Gálatas 3:10, yo
estaba frustrada, desilusionada y realmente destruida, porque estaba procurando vivir según la Ley, la cual me era
imposible cumplir. Procuraba lograr una meta y cumplir
un deseo más allá de mi capacidad. Mientras más trataba,
mayor era mi fracaso.

Cuando usted y yo ponemos todos nuestros esfuerzos y nuestras energías en algo que está condenado al
fracaso, el único resultado posible es la frustración. Y todo
lo que sabemos hacer en una situación como esta es es-
forzarnos más, lo cual sólo produce más frustración.

Es un círculo vicioso que sólo se rompe comprendien-
do correctamente la gracia de Dios.

Confianza versus esfuerzo propio

¿Sabía usted que *tratar* por sí mismo no es bíblico? Yo lo sé porque revisé la concordancia más grande que hay y llegué a esa conclusión. El verbo está allí, pero no en el sentido con el cual lo estamos usando en este contexto.

El verbo tratar es usado en la Biblia en el sentido de poner a alguien o algo bajo prueba. La Biblia habla de *la prueba de vuestra fe* (Santiago 1:3 RVR). Se nos dice que no creamos todo lo que escuchamos, sino que *probemos los espíritus* (1ª de Juan 4:1 RVR). El salmista dice: *Examíname, oh Dios, y conoce mi corazón* (Salmo 139:23 RVR). La Biblia también habla de fuegos que nos *probarán* (1ª de Pedro 4:12 RVR). En el sentido escritural *tratar* o *probar* se refiere a la prueba para determinar el valor de una persona o una cosa.

Pero es totalmente diferente cuando nos referimos al esfuerzo humano. Decimos que estamos "tratando" cuando nos esforzamos por lograr o realizar algo por nuestros propios medios o capacidad.

Ahora, no quiero decir que nunca debemos hacer un esfuerzo para lograr o realizar alguna cosa en la vida. De ninguna manera. Uno de los mensajes que con frecuencia predico es sobre el tema del esfuerzo apropiado que debemos hacer como creyentes, esfuerzo que se hace mediante el poder y la gracia de Dios que obra en nosotros. En otras palabras, nunca intentamos cosa alguna sin antes pedir la ayuda de Dios. Nos apoyamos en él durante todo el camino para cada proyecto. Mantenemos una actitud consciente de que "separados de él nada podemos hacer".

Pero no estamos para involucrarnos en esfuerzos naturales o carnales cuyo resultado sólo es fatiga y frustración, desilusión y destrucción.

Deseo sugerirle, mientras lee estas páginas, mantener una disposición a cambiar el *tratar,* por el *confiar.* Eso fue lo que yo aprendí cuando el Señor me abrió un nuevo mundo de revelación acerca de su gracia maravillosa.

La fuente de contienda

¿Qué lleva a la contienda (la discordia y las enemistades), y cómo se originan los conflictos (las disputas y contiendas) entre ustedes? ¿No provienen de sus deseos sensuales que siempre están combatiendo en los miembros de su cuerpo?

(Santiago 4:1).

¿Hay en su interior contiendas, discordias, enemistades, conflictos y guerras? Hubo un tiempo durante el cual mi vida estaba literalmente llena de contienda.

¿Cómo comienza todo este alboroto y esta perturbación dentro de nosotros? Sabemos que estas cosas no son la voluntad de Dios. Él no quiere que sus hijos vivan en medio de una constante zona de guerra interior. Esta es la naturaleza del mundo en el cual vivimos, pero se supone que no es la del Reino de Dios, y Jesús nos ha dicho que su reino está dentro de nosotros (Lucas 17:21).

Una razón por la cual vinimos a Cristo es porque en primer lugar queríamos escapar de toda esa interminable contienda y el permanente conflicto. Por eso es que llegamos a ser ciudadanos del Reino de Dios. La Biblia nos dice que el reino *es justicia, paz y gozo* (Romanos 14:17 RVR). Como seguidores de Jesucristo esa es nuestra herencia y nuestro patrimonio. ¿Por qué entonces tantos de nosotros que realmente amamos a Dios, que vamos camino al cielo, que somos llamados de acuerdo a su divino propósito, aún pasamos nuestra existencia terrena en medio de aquello de lo cual procuramos desesperadamente escapar? ¿Cuál es la fuente de toda esta contienda? ¿Dónde se origina? Esa es la pregunta que queremos responder a fin de descubrir la solución para nuestra frustración y desgracia.

Pero note la segunda parte de este versículo. Santiago nos dice que todas estas cosas negativas provienen de los deseos sensuales que siempre están combatiendo en nuestros miembros.

¿Sabía que podemos meternos en problemas cuando deseamos algo que con toda claridad es la voluntad de Dios para nuestra vida? Procurar la voluntad de Dios para nuestra vida puede producirnos frustración. Si tratamos de cumplirla de la forma equivocada, sólo produciremos contienda, guerra y conflicto.

Dios quiere que nuestro esposo o esposa, y nuestros hijos, sean salvos. Sabemos que esa es su voluntad porque ha dicho en su Palabra que desea que todos sean salvos y vengan al conocimiento de Dios (2ª de Pedro 3:9). Sin embargo, podemos frustrarnos y causar toda clase de desgracia a otros, y a nosotros mismos, si tratamos que nuestros seres queridos sean salvos por nuestros esfuerzos humanos.

Tan extraño como pueda parecer, es completamente posible armar guerra y conflicto por la Palabra de Dios. Esto ocurre todo el tiempo en el Cuerpo de Cristo.

Ciertamente es la voluntad de Dios que vivamos vidas santas, pero me es imposible decirle cuánto conflicto he tenido en mi vida procurando ser santa. Deseaba todas las cosas correctas, pero me esforzaba por lograrlas de las maneras más equivocadas. Sobre esto es que Santiago nos advierte en este versículo. Él dice que la contienda y el conflicto se producen dentro de nosotros, por causa de nuestros deseos, posiblemente aun por causa de los deseos correctos, que combaten en los miembros de nuestro cuerpo.

No tenemos porque no pedimos

Tienen celos y codician (lo que otros tienen), y sus deseos se mantienen insatisfechos, y se convierten en

homicidas (odiar es cometer homicidio de corazón). Arden de envidia y enojo, y no consiguen lo que desean (la gratificación, el contentamiento y la felicidad que buscan), y aunque luchan y contienden. No tienen porque no piden

(Santiago 4:2).

Los creyentes, en la Iglesia, arman contiendas acerca de los dones proféticos y de los talentos musicales. Tienen celos unos de los otros, porque uno canta y el otro no. Se odian unos a otros porque éste no tiene lo que aquél posee. Los celos y la envidia no son frutos del amor. Dios se refiere a ellos como frutos del odio.

La Biblia es bastante estricta en esta materia. Declara que odiar a otros por causa de los dones especiales que poseen es cometer homicidio de corazón.

¿Hemos cometido ese pecado en nuestros corazones? ¿Ardemos de ira y envidia porque no logramos obtener la gratificación, satisfacción y felicidad que buscamos? ¿Nos agobia la frustración porque no conseguimos las cosas buenas que tanto deseamos?

Eso fue lo que me ocurrió en una etapa de mi vida. Me esforzaba por ser feliz. Miraba todas las buenas cosas que sabía necesitaba, y procuraba conseguirlas por mis propios esfuerzos. Nadie tiene la menor idea sobre cuántos años viví con una frustración insoportable tratando de tener éxito en el ministerio. Ciertamente Dios quería que lo tuviera. Él me había llamado y ungido para ello. Sin embargo, no lo lograba a pesar de lo mucho que me esforzaba.

Es interesante que Dios llame a una persona para hacer algo, y luego, durante cierto tiempo no le permite hacerlo. Y nunca estará en capacidad de hacerlo hasta que cese todo intento de realizarlo por sí mismo, y le permita al Señor obrar a su manera y en su tiempo. ¡Los caminos de Dios son perfectos! Si usted está frustrado acerca del tiempo en que cree deben ocurrir las cosas, aprenda a orar con el salmista: *En tu mano están mis tiempos...* (Salmo 31:15).

Yo sé de estas cosas porque eso fue exactamente lo que me ocurrió. Sentía envidia y estaba frustrada, enojada y era incapaz de lograr la satisfacción, la alegría y la felicidad que buscaba, hasta cuando el Señor me mostró la última frase del versículo 2, en Santiago capítulo 4: *No tenéis lo que deseáis porque no pedís.*

Cuando por primera vez vi y comprendí esta declaración, toda mi teología fue sacudida. Hizo parte importante de la revelación que el Señor me dio acerca de su gracia, la cual cambió totalmente mi vida y ministerio.

El Señor me convenció acerca de varias cosas en mi vida. Algunas de ellas usted también las identificará en su caminar con él. Permítame darle un ejemplo:

Un día desperté con un terrible dolor de cabeza. Pensé: "Tal vez atrapé un resfriado". Anduve dando vueltas con mi dolor de cabeza todo el día, contándole a todo el mundo lo terriblemente mal que me sentía, hasta que finalmente el Señor me habló, diciéndome: "¿Se te ha ocurrido por si acaso pedirme que te sane?" Yo creía en Jesús como mi sanador, pero pasé todo el día quejándome y ni siquiera una sola vez le pedí que me sanara.

Así ocurre con frecuencia en nuestras vidas. Damos vueltas quejándonos de los problemas y gastando la mitad del tiempo tratando de encontrar la manera de resolverlos. Hacemos todas las cosas imaginables, excepto la única que la Palabra de Dios nos pide que hagamos: Pedir para recibir, a fin de que nuestro gozo se cumpla (Juan 16:24 RVR).

¿Por qué somos así? Porque la carne, la naturaleza humana carnal, desea hacer las cosas por sí misma. Esa es la naturaleza de la carne. Desea conquistar. Quiere superar sus propios problemas a su manera. ¿Para qué? Para así obtener la gloria. La naturaleza carnal quiere hacerlo todo por sí misma porque quiere el crédito para sí. Esa es una de las razones por las cuales no tenemos más éxito en nuestro caminar por fe: porque pretendemos lograr con nuestros esfuerzos lo que Dios quiere darnos mediante su gracia. Pero a fin de que él pueda darnos lo que necesitamos, debemos ser lo suficientemente humildes, parar nuestros esfuerzos y comenzar a confiar. Confiar en lugar de tratar.

Recibir en lugar de conseguir

(O) piden (las cosas a Dios) y no reciben porque piden con un mal propósito, y con motivos egoístas. Su intención (al recibir lo deseado) es utilizar las cosas recibidas en sus placeres sensuales

(Santiago 4:3).

Con este estudio espero erradicar la palabra *conseguir,* y reemplazarla por la palabra *recibir.* Estas son dos conceptos diferentes.

Santiago nos dice que en lugar de disponernos para conseguir las cosas que necesitamos o deseamos, sólo con nuestros esfuerzos, debemos pedirlas. Pero luego continúa diciendo que a menudo la razón por la que no recibimos lo que pedimos es porque la intención, o la motivación, no es correcta.

A veces lo que le pedimos a Dios no es malo en sí mismo, pero él no puede conceder nuestra petición porque antes debe hacer un trabajo de preparación en nuestra vida a fin de que estemos listos para recibir lo que le pedimos.

Por ejemplo, era completamente correcto pedirle al Señor por el ministerio al que me había llamado. Era su voluntad que yo tuviera éxito. Sin embargo, a pesar de todo eso, los primeros años de mi ministerio fueron difíciles porque mis motivaciones no eran correctas. En lugar de someterme en humilde servicio para el Señor, procuraba ser importante. Era insegura y quería una alta posición en el Reino de Dios por razones incorrectas. Hasta que aprendí que debía permitirle al Señor obrar en mí para que así pudiera obrar en otros a través de mi vida. Mis motivos internos tuvieron que ser purificados, y ese tipo de cambio no ocurre de la noche a la mañana.

Durante años estuve frustrada, pues oraba, ayunaba y buscaba al Señor, pero nada ocurría, al menos era muy poca la evidencia que podía ver. Me era imposible apreciar la obra que Dios debe hacer en nuestro inte-rior como preparación para las bendiciones visibles. Quería moverme en la plenitud del fluir del Espíritu de Dios, pero había una fuga del Espíritu en mi vida y ministerio, y no podía entender qué era lo que andaba mal.

La situación llegó hasta el punto de que quise decirle al Señor que se apartara de mí a fin de olvidarme del ministerio, y hacer cualquier otra cosa. Estaba a punto de darme por vencida de manera definitiva.

Eso nos ocurre a muchos. El Señor viene y comienza a obrar en, y a través de nosotros. En este obrar nos lleva hasta un punto determinado, en donde parece que nos abandona sin terminar su trabajo. Allí es donde empieza la frustración, pues nos esforzamos por hacer que las cosas continúen funcionando, lo cual es como intentar remover una montaña de nuestro camino con una ligera fuerza física. Sencillamente no funciona. Desde luego, Dios siempre termina lo que comienza, pero la espera nos ayuda a echar raíces y fundamento en él.

Muchas veces ocurren estas cosas porque nuestras motivaciones no son correctas. Puede suceder que hasta los motivos, cuando deseamos la salvación de nuestros seres queridos son egoístas. Queremos verlos salvos, no porque los amamos y les deseamos bendición, sino porque anhelamos que nuestra vida sea mejor y más fácil. No para su propio bien, sino porque así nos libraremos de su comportamiento y actitudes pecaminosas.

Eso es parte de lo que Santiago nos dice cuando afirma que pedimos con propósitos o motivaciones equivocadas. A menudo Dios sabe que éstas no son correctas, **aun** si no somos conscientes de ello, o no queremos admitirlo. Es difícil enfrentar la verdad sobre nosotros mismos. Pero tenemos que hacerlo si queremos estar en capacidad de recibir todo lo que Dios desea darnos.

A través de los años he aprendido una importante verdad: *Dios me conoce mucho mejor de lo que me conozco a mí misma.* He llegado a la conclusión de que si le pido algo al Señor, y él no me lo da de inmediato, es sencillamente porque todavía no estoy lista para recibirlo.

El Señor me dijo una vez: "Joyce: cuando tu me pides algo bueno y no lo recibes, no es porque te lo esté tratando de negar o demorar. Es que en mi mente tengo algo mejor para ti, algo acerca de lo cual tú no sabes lo suficiente como para pedirme por ello, así que tengo que hacerte esperar hasta que asimiles mi plan, o entiendas que estás fuera de mi tiempo".

A menudo no es que estemos fuera de la voluntad de Dios, sino fuera de su cronograma. No recibimos porque no pedimos. Pero también dejamos de recibir porque pedimos con motivos e intenciones erróneas, o porque no estamos listos para recibir lo que Dios quiere darnos.

He aprendido que cuando oro al Señor por algo, debo hacer mi petición y dejarla en sus manos. Si es su voluntad que reciba lo solicitado, me lo dará a su manera y en su tiempo. La espera no tiene que ser frustrante, si aprendemos más de su gracia.

Como esposas infieles

Ustedes (son como) esposas infieles (tienen amoríos ilícitos con el mundo), y rompen sus votos de fidelidad a Dios. ¿No saben que la amistad con el mundo es enemistad con Dios? Así pues, cualquiera que elige ser amigo del mundo se constituye en un enemigo de Dios
(Santiago 4:4).

¿Qué quiere decir Santiago cuando afirma que somos "como esposas infieles?" Yo creo que el Señor me dio un buen ejemplo mediante mi experiencia personal.

Hay sobre el fregadero de mi cocina varias ventanas que me cuesta trabajo alcanzar. Cuando voy a abrirlas o a cerrarlas, puedo saltar sobre el mueble y hacer de tal acción una gran prueba. O sencillamente evitar la lucha y el esfuerzo si llamo a mi esposo Dave y le pido que lo haga por mí. Dave es mucho más alto que yo y con sus largos brazos no tiene ningún problema para hacer lo que sería un verdadero y frustrante reto para mí.

Esa es nuestra situación con el Señor. Luchamos con gran esfuerzo y nos agotamos procurando realizar lo que el Señor puede hacer por nosotros sin ningún esfuerzo, si tan solo se lo pedimos.

¿Pero sabe cuál sería para mi esposo un insulto aún mayor que rehusar su ayuda? Que yo fuera a la puerta de mi vecino y le pidiera que abriera o cerrara las ventanas en mi lugar. Es a esto a lo que se refiere Santiago en este versículo cuando habla de ser "como esposas infieles" que van a otros hombres en busca de ayuda, en lugar de llamar a su propio esposo, que en este caso simboliza al Señor.

Definición de la gracia

¿O suponen que la Escritura habla sin propósito cuando dice: El Espíritu que él ha hecho habitar en nosotros nos anhela, y con celoso amor (desea nuestra bienvenida) nos desea?

Pero él da más abundante gracia (poder del Espíritu Santo para enfrentar plenamente ésta y otras tendencias). Por tal motivo él dice que Dios resiste al orgulloso y arrogante, pero (continuamente) da gracia al humilde (a aquellos que son suficientemente humildes para recibirla)

(Santiago 4:5-6).

Mientras leía este pasaje hace algunos años, buscando la respuesta para mi frustración y falta de poder a fin de evitar el pecado y superar mis fracasos, mis ojos empezaron a abrirse cuando llegaron al versículo 6, el cual dice que Dios nos da "mayor gracia". Luego la versión de *La Biblia Amplificada* define lo que es la gracia.

Antes de que el Señor abriera mis ojos a esta interpretación, la única definición que yo había oído de la palabra *gracia* era: "favor inmerecido". Es una buena definición, pero la gracia es mucho más que eso. *La Biblia Amplificada* dice que gracia es el poder del Espíritu Santo capacitándonos para someter la tendencia pecaminosa que existe en cada uno de nosotros.

¿A cuál tendencia pecaminosa se está refiriendo Santiago aquí? La tendencia de ser como una esposa infiel, de tener amores ilícitos con el mundo, la tendencia pecaminosa de darle la espalda a Dios y confiar en nosotros mismos, o en otros, en lugar de sencillamente pedirle a él que satisfaga nuestras necesidades. Esa es la tendencia de la carne y no la manera como Dios quiere que reaccionemos.

La respuesta que yo buscaba se encuentra en el versículo 6, el cual nos dice que en medio de todos nuestros problemas y frustraciones Dios nos da más y más gracia, y mayor poder del Espíritu Santo para superar totalmente ésta y todas las tendencias hacia el pecado. Es por eso que Dios resiste a los orgullosos y arrogantes porque piensan que pueden prescindir de él para solucionar sus problemas, pero asiste de manera permanente con su gracia a quienes son suficientemente humildes para recibirla después de sólo pedirla.

Dios quiere ayudarnos a superar cualquier inclinación al pecado. Desea darnos su poder y su gracia para que superemos nuestras intenciones y motivos erróneos, si tenemos la suficiente humildad de pedirlos y aceptarlos en lugar de tratar de hacerlo todo por nuestros medios y a nuestra manera.

Salvos por gracia,
viviendo por obras

Porque es por la gracia sin costo (el inmerecido favor de Dios) que ustedes son salvos (librados del juicio y hechos partícipes de la salvación de Cristo) por medio de (su) fe. Y ésta (salvación) no es conseguida por ustedes (por sus obras o por sus propios esfuerzos), sino que es un regalo de Dios.

No por obras (el cumplimiento de las demandas de la Ley), para que nadie se gloríe. (Esto no es el resultado de lo que alguien pueda hacer, así que nadie puede enorgullecerse por ello, o gloriarse en sí mismo)

(Efesios 2:8, 9).

Obviamente este pasaje se refiere a la salvación. Pero la Biblia dice que de la manera que usted y yo somos salvos, por gracia mediante la fe, así mismo debemos vivir diariamente. *Porque es por la gracia sin costo (el inmerecido favor de Dios) que ustedes son salvos (librados del juicio y hechos partícipes de la salvación de Cristo) por medio de (su) fe. Y ésta (salvación) no es conseguida por ustedes (por sus obras o por sus propios esfuerzos), sino que es un regalo de Dios... (V. 8)* Los mismos principios que aplicamos para recibir la salvación, los debemos poner en práctica para recibir cada una de las demás bendiciones que vienen de Dios.

¿Cómo fuimos salvos? Por gracia a través de la fe. Una de las verdades que mediante este estudio quiero ayudarle a aprender es la vital diferencia que existe entre las palabras *por*, y *mediante* o *a través de*. Esa diferencia nos ayudará a ver, o a mantener, la perspectiva de los diferentes roles y funciones de la gracia y la fe.

En los últimos años hemos oído mucho acerca de la fe. Durante el tiempo en que el Señor estuvo abriendo mis ojos a la verdad que le estoy compartiendo en estas páginas, estaba muy ocupada procurando tener fe y confiando en Dios para lograr muchas cosas. Me esforzaba en creer y confiar para que despegara mi ministerio, para obtener la sanidad de mi espalda, por mayor prosperidad financiera, y para que mi esposo y mis hijos cambiaran y fueran como yo creía. "Aplicaba mi fe", o por lo menos eso era lo que pensaba. El problema era que lo que estaba poniendo en práctica quizá no era fe, porque no tenía paz en mi corazón, ni paz mental ni descanso.

El escritor de la carta a los Hebreos nos dice: *Porque quienes hemos creído (nos hemos adherido a Dios, hemos confiado y nos hemos apoyado en él) entramos en ese reposo...* (Hebreos 4:3). De acuerdo a lo que dice la Biblia, una vez que hemos creído, lo cual es tener fe, entramos en su reposo. La razón por la cual no tenía ese reposo es muy sencilla. En lugar de ejercitar la fe en Dios, tenía fe en la fe. Le rendía más adoración a la fe que a Dios.

Caí en esta trampa porque puse mi esperanza en la fe y no en mi Señor. Pensaba que este era el precio que teníamos que pagar por las bendiciones de Dios, o dicho de otra manera, que con mi fe podía *conseguir* lo que quisiera y necesitara. Pero esa manera de pensar es incorrecta. Las bendiciones de Dios no se pueden *comprar* ni con la fe ni con otra moneda, sólo se deben *recibir.* Fe no es el precio que pagamos por la bendición de Dios, sino la mano que la recibe. El precio de todo lo que Dios quiere darnos fue pagado por el Señor Jesús en la cruz del Calvario. La salvación no se compra con nuestra fe, sino con la preciosa sangre del Hijo de Dios. Nosotros sencillamente la recibimos por gracia, por medio de la fe, por creer (adherirnos a Dios, confiar y apoyarnos en él) en quien gratuitamente nos da todas las cosas para que las disfrutemos (1ª de Timoteo 6:17 RVR).

La Biblia nos dice que es *por* gracia, *a través de* la fe, que usted y yo somos salvos y hechos partícipes de las bendiciones de Dios. También nos dice que de la misma manera que fuimos salvos, debemos vivir y orientar nuestra vida diaria.

Es curioso que venimos al Señor Jesucristo tal como somos, confiando sólo en su sangre para la limpieza de nuestros pecados, y debido a eso estamos tan agradecidos con él por salvarnos y darnos vida eterna. ¿Por qué? Porque sabemos que no lo merecemos. Pero desde ese momento queremos merecer todo lo demás. De ahí en adelante prácticamente Dios tiene que darnos, como a la fuerza, las demás bendiciones. ¿Por qué motivo? Porque pensamos que no las merecemos. Y empezamos a razonar: "Hoy no leí la Biblia lo suficiente, no oré como debía, no he actuado según el fruto del Espíritu, grité a uno de mis hijos, le di una patada al gato, no fui muy amable con los demás en esa congestión de tráfico". Pensamos en cada cosa negativa que hemos hecho y concluimos que automáticamente nos descalifican para recibir cualquiera de las bendiciones divinas.

Si Dios eligiera bendecir sólo a la gente perfecta, no podría bendecir a nadie por cuanto todos hemos pecado y estamos destituidos de la gloria de Dios (Romanos 3:23 RVR). Ninguno de nosotros merece algo bueno de parte del Señor. Y este hecho no nos impide recibir su gloriosa salvación. ¿Por qué habría de impedir que recibamos sus abundantes bendiciones? La razón es que una vez que somos salvos por gracia, inmediatamente cometemos el error de dejar de lado la gracia, para empezar a vivir por las obras.

Las obras versus la gracia

¿Entiende ahora la causa de nuestra frustración? No es otra que tratar de vivir por las *obras* una vida que a pesar de todo nuestro énfasis en la fe, comenzó a existir y fue diseñada por Dios para que la disfrutemos por *gracia*.

Permítame darle una sugerencia acerca de cómo beneficiarse con la gracia durante la vida diaria. Cuando enfrente una situación que empiece a causarle frustración, deténgase un momento y diga: "Señor dame tu gracia".

Luego crea que Dios escuchó su oración y que sigue obrando en sus circunstancias a medida que continúa con sus quehaceres diarios.

Como puede ver la fe es el canal a través del cual recibimos la gracia de Dios que suple o satisface nuestras necesidades. Si no estamos abiertos para recibir su gracia, y procuramos hacer las cosas por nuestros propios esfuerzos, sin importar cuánta fe tengamos, no recibiremos de Dios lo que le pedimos. Porque la Biblia dice que la gracia es el poder de Dios que nos llega a través de la fe, y que suple nuestra necesidad.

Hace mucho tiempo escribí la siguiente declaración y la pegué en mi refrigerador:

Obras de la carne = Frustración.

Si usted puede aprender este principio; que cada vez que la frustración lo invade éste es un signo de que ha dejado de recibir la gracia de Dios, pronto logrará superar la tendencia maligna hacia la frustración.

Si se siente frustrado no es porque le falta la fe, es porque ha dejado de recibir la gracia de Dios y está procurando hacer las cosas a su manera. Yo lo sé porque estuve completamente frustrada con relación a la fe. Trataba de hacer y de obtener beneficios mediante la fe, pero las cosas no me funcionaban porque estaba dejando de lado la gracia.

No hace mucho me enfrenté a una situación que me puso muy tensa. Esa es siempre la señal de que me encuentro ante una situación que no sé cómo afrontar. No me gustan las cosas como son, pero no tengo el poder para cambiarlas.

Mientras más me esforzaba por encontrar solución a mi dilema, mayor era mi confusión y frustración. Finalmente recordé lo que ahora estoy compartiendo con usted en este libro: la gracia de Dios. Me detuve y oré: "Señor, no debo estar recibiendo tu gracia o de lo contrario no sentiría frustración. Padre, por favor dame tu gracia".

Me senté allí, en silencio, y en cuestión de solo unos momentos el Señor hizo real la solución para mi situación. Fue tan sencilla que continúo sin entender porque no la vi antes. Todo lo que pude decir fue: "¡Gracias Señor!"

¿Sabe por qué nos domina la frustración? Porque queremos que las cosas sean y ocurran de cierta manera, y en la vida éstas no siempre ocurren como queremos o planeamos. Por eso es que necesitamos confiar, apoyarnos y descansar en la gracia de Dios. Él sabe lo que estamos enfrentando en cada situación de la vida, y hará que todas las cosas obren con el mejor bienestar si confiamos suficientemente para que lo haga.

El orgullo produce frustración

De igual manera ustedes jóvenes, sométanse a los mayores; revístanse de humildad para servirse unos a otros, porque "Dios resiste a los orgullosos, pero da gracia a los humildes"

(1ª de Pedro 5:5 – WORREL).

Echémosle una mirada a este versículo en la versión con más detalles de *La Biblia Amplificada:*

Así mismo, ustedes que son jóvenes y de menor jerarquía, sométanse a los ancianos (los ministros y guías espirituales de la iglesia, dándoles el debido respeto y aceptando su consejo). Vístanse todos ustedes con humildad en su trato unos con otros. Porque Dios mismo resiste al orgulloso (al insolente, altivo, desdeñoso, presumido y jactancioso. Se le opone para frustrarlo y derrotarlo), pero da gracia (favores y bendiciones) al humilde.

En ambas versiones vemos que Dios está en contra del orgulloso, pero da gracia al humilde.

Durante la situación ya mencionada, a medida que trataba de encontrar la solución a mi problema por mí mis-

ma, estaba siendo orgullosa. Es siempre el orgullo la motivación cuando procuramos manejar las situaciones a
nuestra manera, en lugar de humillarnos y preguntarle al
Señor qué debemos hacer, y luego, en obediencia, hacer
lo que nos indique, ya sea que estemos o no de acuerdo
con sus instrucciones, y que ellas sean o no de nuestro
agrado.

En realidad no tenía importancia si me gustaba o no
el plan que Dios me entregó. El hecho es que dio resultado. Hay bastante diferencia entre tratar de usar lo que
nosotros creemos es la fe para que nuestros planes tengan éxito, y apoyarnos en su gracia y permitir que él lleve a cabo su plan. Esa es la diferencia entre el orgullo y la
humildad, entre la frustración y el descanso. Recuerde que
la verdadera fe nos proporciona descanso, mientras que
las obras de la carne nos producen frustración.

Durante mucho tiempo en mi vida, cada vez que sentía frustración culpaba al diablo por ella. Solía decir: "Satanás, te reprendo en el nombre de Jesús". Pero no era el
diablo quien me estaba frustrando. ¡Era Dios!

"Espere un momento", dirá usted. "Eso no puede ser.
Eso no es bíblico".

Seguro que lo es. Justamente aquí, en 1ª de Pedro 5:5,
según la versión de *La Biblia Amplificada*, leemos que Dios
se opone, *frustra* y derrota al orgulloso, al insolente, al
altivo, al desdeñoso, al presumido y al jactancioso. ¿Quié-
nes son estas personas? Quienes tratan de hacer las cosas
por sí mismos, a su manera y no según la de Dios. Son
quienes procuran cambiarse a sí mismos y ser lo que creen
deben ser, en lugar de pedirle a Dios que produzca en
ellos los cambios que él desea.

La Biblia dice que Dios se nos opone cuando actuamos con orgullo. ¿Por qué? Porque sabe que si nos permite hacer las cosas a nuestra manera, jamás aprenderemos a apoyarnos en él. Cuando se nos opone en algo, o
impide el éxito de *nuestro plan*, nos sentimos frustrados.

De otro lado Dios da gracia (favores y bendiciones) al humilde, a todos aquellos que se adhieren a él con fe y dependencia, y que no se apoyan en su propia habilidad, en sus planes y proyectos, o en su propio conocimiento, sabiduría y fe.

Por lo tanto, vuélvanse humildes

Por lo tanto, humíllense así mismos, vuélvanse humildes (considérense inferiores en su propia estimación) bajo la poderosa mano de Dios, para que él los exalte a su debido tiempo

(1ª de Pedro 5:6).

¿Sabe usted qué significa humillarse así mismo para que Dios lo exalte a su debido tiempo? Significa pedirle al Señor lo que necesita y luego esperar que lo provea de acuerdo a su mejor manera, sabiendo que su tiempo es siempre perfecto. Significa guardar silencio y saber que él es Dios, quien, lógico sabe lo que es mejor para usted en cualquier situación de la vida. Significa suspender sus esfuerzos para hacer que las cosas ocurran, y permitirle al Señor que le muestre lo que debe hacer para cooperar con su plan y propósito para usted.

La gracia y las preocupaciones

Echando la totalidad de los asuntos que requieren atención (todos sus asuntos, todas sus ansiedades y preocupaciones de una vez por todas) sobre él, porque con cariño y desvelo cuida de ustedes

(1ª de Pedro 5:7).

La persona que en realidad entiende la gracia de Dios no se preocupa. ¿Sabe por qué? Porque las preocupaciones son obra de la carne. Es tratar de encontrar la manera de salvarse a sí mismo en lugar de confiar en Dios para la liberación.

El individuo que vive en constante preocupación no está recibiendo en toda su plenitud de la gracia de Dios, porque así como el perfecto amor echa fuera el temor (1ª de Juan 4:18 RVR), la gracia de Dios expulsa todo vestigio de ansiedad.

Camine en la gracia del Señor y no poniendo en práctica las obras de la carne.

La gracia y la estabilidad

Sean sensatos (sobrios y moderados), precavidos y vigilantes en todo momento, porque su adversario el diablo, como león rugiente (hambriento y feroz), anda buscando a quien cazar y devorar.

Resístanlo; permanezcan firmes en la fe contra sus ataques (arraigados, establecidos, fuertes, inamovibles y determinados), sabiendo que los mismos (idénticos) sufrimientos están designados para sus hermanos (toda la comunidad de cristianos) en todo el mundo
(1ª de Pedro 5:8 y 9).

Hasta aquí Pedro está diciendo que si tenemos un problema debemos involucrar a Dios en él. Nos dice que debemos humillarnos a nosotros mismos bajo la poderosa mano de Dios, rehusar preocuparnos o estar ansiosos, y esperar en el Señor permitiéndole obrar su perfecta solución en su tiempo perfecto.

Ahora nos advierte por medio de este pasaje. Mientras esperamos en el Señor debemos permanecer en constante defensa contra nuestro adversario el diablo, quien procura devorarnos. Pedro nos exhorta a estar firmes en la fe, arraigados, establecidos, fuertes, inamovibles y determinados a defender nuestro territorio con fe y confianza, apoyándonos no en nuestra propia fuerza, sino en la fortaleza y el poder del Señor.

Apóyense en Dios

Porque hemos oído de su fe en Cristo Jesús (de cómo se han apoyado totalmente en él, con absoluta confian-

za y dependencia en su poder, su sabiduría y su bondad)
y de su amor (el cual ustedes han demostrado) por todos los santos

(Colosenses 1:4).

Según la Biblia, fe es que la persona humana se apoye
en Dios, con absoluta confianza y dependencia en su poder, su sabiduría y su bondad.

¿Sabe qué me dice eso? Que fe es apoyarme o recos-
tarme totalmente en Dios, tomando todo mi peso y po-
niéndolo sobre él, confiando en: 1), su poder y capacidad
para hacer *lo que se* debe hacer; 2), su conocimiento y sabiduría para hacerlo *cuando* es necesario; y 3), su amor y
bondad para hacerlo de *la manera* correcta.

¿Tiene usted la fe suficiente para descansar completamente en Dios confiándole totalmente lo que es y lo
que tiene? ¿O se apoya en él, pero se mantiene alerta para,
en caso de que él falle, recuperar rápidamente su equili-
brio y estar sobre sus dos pies otra vez?

Como una vez, en una reunión simulé que me desma-
yaba, mi esposo me tuvo que coger y llevar en sus brazos.
Si él me hubiera soltado hubiera caído al piso. Hice esto
para mostrarle a la gente que tan real es la obra de la fe
que se apoya o descansa totalmente en Dios.

Eso es fe. Actuar y permitirle a Dios actuar.

La gracia y la confianza en Dios

Porque para esto fueron llamados (esto es algo inse-
parable de su vocación). Porque también Cristo padeció
por ustedes dejándoles ejemplo (personal) para que si-
gan sus pisadas.

Él no fue culpable de ningún pecado, y no se halló
engaño en su boca.

Cuando fue insultado e injuriado no contestó el agra-
vio. Cuando padeció y sufrió abuso no amenazó (con ven-
ganza), sino que se encomendó (a sí mismo y todas las

cosas) a quien juzga rectamente (1ª de Pedro 2:21-23).

Cuando una persona confía todas las cosas, incluyendo su propia vida en las manos del Señor, está demostrando su fe.

Jesús actuó por fe cuando fue insultado e injuriado aunque no experimentó la liberación de inmediato. Previamente había sufrido la agonía en el Jardín de Getsemaní cuando sus discípulos lo abandonaron. Ni siquiera pudo encontrar una persona que velara y orara con él por una hora. El evangelio dice que él oró tan intensamente que... *era su sudor como grandes gotas de sangre que caían hasta la tierra* (Lucas 22:44 RVR). Más tarde, luego de que fuera juzgado, sufrió durante todo el camino hacia el Calvario. Después de ser escarnecido, ridiculizado, golpeado y escupido, fue forzado a cargar su cruz hacia el Gólgota en donde moriría tras una cruenta agonía. En medio de todo esto Jesús confió en Dios aunque todavía no había liberación para él. Ésta llegaría más tarde, después de su muerte y sepultura.

Una actitud de fe y confianza

Porque Tú no abandonarás mi alma dejándola sin esperanza en el Hades (el estado de los espíritus que han partido) ni permitirás que tu Santo conozca corrupción o destrucción (de su cuerpo después de la muerte)
(Hechos 2:27).

Este versículo es una expresión profética que salió de la boca del Rey David, pero que se refería al Mesías. Esta fue la actitud de Jesús, una actitud de fe y confianza en su Padre que lo sostuvo durante los difíciles momentos que tuvo que afrontar.

¿Sabía usted que la fe y la confianza en el Señor nos sostienen en los tiempos difíciles, mientras esperamos pacientemente que la gracia de Dios produzca nuestra liberación? Aunque la fe es importante, no es el verdadero poder liberador. Ella nos sostiene hasta que el poder de Dios, por medio de su gracia, entra en escena para liberarnos.

Cuando afirmamos que estamos creyendo y confiando en Dios para que algo ocurra, debemos también orar, diciendo: "Padre, necesito tu gracia. Necesito que tu poder venga y me libere". Recuerde que las victorias nos vienen "por gracia mediante la fe".

Con frecuencia se nos dice que debemos mantener nuestra fe en línea, que debemos permanecer creyendo que recibiremos lo que necesitamos mediante la fe. Pero si no somos cuidadosos podemos cometer el error de fijar nuestros ojos más en la bendición que en el Señor. Hay una línea muy sutil aquí. Debemos cuidarnos de buscar el rostro del Señor y no su mano. El Señor quiere que lo busquemos a él, no solamente lo que puede hacer por nosotros.

Esto mismo es cierto en relación con la fe y la gracia. Enfocamos demasiado nuestra atención en creer, de tal forma que comenzamos a adorar nuestra fe, adherirnos, confiar y descansar, más que al Señor, quien es el fundamento y objeto de ella. En lugar de poner nuestros ojos en las cosas que buscamos y pedimos, mantengámoslos puestos en Dios. Necesitamos mirar, más allá de nuestra fe, la gracia de Dios, y orar: "Padre, necesito que vengas y mediante mi fe, y por tu gracia, me proveas lo que necesito".

Con frecuencia estamos tan absortos, que pasamos el tiempo repitiéndonos: "Creo en Dios", por lo cual nos volvemos legalistas y hacemos lo que Pablo exhorta a no hacer, esto es, a no frustrar la gracia de Dios: *(Por lo tanto, no tomo la gracia de Dios como un regalo de menor importancia para frustrar su propósito), yo no desecho ni invalido la gracia (el inmerecido favor) de Dios...* (Gálatas 2:21). Si hacemos demasiado énfasis en *nuestra* fe, en *nuestra* confianza y *nuestra* fidelidad, frustramos la gracia de Dios que se basa, no en *nuestras* obras, sino en *su* inmerecido favor hacia nosotros.

Debemos aprender a depender totalmente del Señor conociendo con libertad que no es por fe, sino por gracia que recibimos cualquiera de los beneficios que él quiere darnos. Recordemos que el factor más importante para recibir las bendiciones de Dios no es *nuestra* gran fe, sino *su* gran fidelidad.

La fidelidad de Dios

Me has hecho conocer los caminos de la vida; me extasiarás (inundando mi alma con alegría) en y con tu presencia.

Hermanos, les puedo decir con toda libertad y confianza en relación con el patriarca David que murió y fue sepultado, y su tumba está con nosotros hasta el día de hoy.

Sin embargo, siendo un profeta y sabiendo que Dios le había prometido bajo juramento que sentaría a uno de sus descendientes en su trono,

viendo esto con anterioridad (por su conocimiento del futuro) habló de la resurrección de Cristo (el Mesías) que no sería abandonado (en la muerte) ni dejado en el Hades (el estado de los espíritus que han partido) ni que su cuerpo vería corrupción o destrucción.

A este Jesús Dios lo levantó de los muertos, de lo cual todos nosotros (sus discípulos) somos testigos.

Habiendo, pues, sido exaltado por, y a la diestra de Dios, y habiendo recibido del Padre el Espíritu Santo prometido, ha hecho este derramamiento que ustedes ven y oyen

(Hechos 2:28-33).

Vemos aquí cómo Pedro le contó a la multitud congregada en Jerusalén el día de Pentecostés que lo que ellos estaban presenciando ese día era el resultado directo de la fidelidad de Dios en cumplir su Palabra, al levantar a Jesús de entre los muertos y derramar su Espíritu sobre toda carne.

Jesús ejercitó la fe y la confianza en su Padre, creyendo que Dios haría lo que había prometido. Y no fue defraudado. Su Espíritu no fue abandonado en el hades ni su cuerpo entregado a la putrefacción en la tumba. Todo lo contrario, fue exaltado porque se sentó a la diestra de Dios en los cielos, desde donde derramó el Espíritu Santo prometido.

Igual que lo hizo el apóstol Pedro, yo puedo decirle con entera libertad y confianza: si usted está confiando y dependiendo de Dios, no será defraudado. No será abandonado con su problema ni en su disyuntiva. ¿Recuerda el pasaje de la Escritura donde dice que si el mismo poder que levantó a Jesús de los muertos habita en nosotros, él vivificará también nuestros cuerpos mortales? (Romanos 8:11 RVR). No es sólo su fe la que lo liberará; es la gracia de Dios que intervendrá en su situación, lo exaltará y lo sentará en los lugares celestiales con Cristo, de la misma manera que lo hizo con el Señor Jesús.

¿Cómo puedo estar tan segura? Porque conozco a Dios. Porque sé que... ...*quien lo prometió es digno de confianza (íntegro), y fiel a su palabra* (Hebreos 10:23).

La fe y la gracia actúan juntas

Permítame darle una ilustración de cómo la fe y la gracia actúan juntas para traer las bendiciones de Dios.

Para las reuniones, frecuentemente llevo conmigo un gran ventilador eléctrico, el cual ubico en la plataforma del conferencista. Llamo a una de las asistentes a la reunión y le pido que se pare frente al ventilador diciéndole que la voy a refrescar. Cuando el ventilador no funciona, a pesar de que acciono el interruptor de la corriente, me vuelvo a la audiencia y pregunto: "¿Qué anda mal? ¿Por qué el ventilador no está refrescando a esta dama?"

Desde luego, de inmediato los asistentes pueden ver qué anda mal: "¡No está enchufado!", gritan.

"Es correcto", digo, "y eso es exactamente lo que muchas veces anda mal cuando nuestras oraciones no son contestadas".

Luego continúo explicándoles que a veces ponemos los ojos en nuestra fe (el ventilador), esperando que ella haga la obra, pero fallamos porque no miramos más allá a donde está la fuente de la corriente que hace que éste funcione, la cual, hablando espiritualmente, es el Señor.

Jesús tuvo fe todo el tiempo de su sufrimiento. Tuvo fe en el jardín de Getsemaní. La tuvo cuando compareció ante el sumo sacerdote y ante Pilato. Cuando se mofaron de él, lo ridiculizaron y lo maltrataron. Cuando iba camino hacia el Gólgota. Tuvo fe cuando colgaba de la cruz y aun cuando su cuerpo yacía en la tumba. Él tuvo fe absoluta de que Dios no lo dejaría allí, sino que lo levantaría tal como había prometido. ¿Pero, nota usted que a pesar de toda su fe nada ocurrió hasta el momento cuando el poder de Dios entró en escena para efectuar la resurrección? La fe lo mantuvo firme hasta cuando llegó el tiempo señalado por Dios para su liberación.

En la ilustración del ventilador le digo a mi audiencia: "Yo puedo tener fe absoluta en este ventilador, pero él no funcionará hasta que sea conectado a la fuente de energía. Otro tanto es cierto en relación con la fe. Puede que tengamos toda la fe del mundo, pero de nada nos aprovechará hasta que la 'conectemos´ a la fuente de la electricidad, es decir, la gracia de Dios. Para su libe-ración mantenga los ojos puestos en Dios, no en su fe".

A fin de lograr que nuestras necesidades sean suplidas, y de recibir cualquier beneficio del Señor, debemos tener ambas cosas: fe y gracia. Es *por* gracia *mediante* la fe que somos salvos. Y es también *por* gracia *mediante* la fe que todas nuestras oraciones son respondidas, y todas nuestras necesidades suplidas.

Durante los últimos 10 años he oído muchísimo, como

quizás le ha ocurrido a usted, sobre la fe. De hecho escuché tanto que me esforcé en exceso creyendo y confiando en Dios por cosas superfluas, sin saber entonces nada sobre la gracia de Dios. Yo no sabía cómo confiar en Dios, cómo depender de él, cómo tener entera confianza en mi Padre celestial en cualquier situación de la vida. El problema consistía en que yo confiaba más en la fe que en Dios mismo.

Cuando esto ocurre sentimos frustración, porque tratamos de hacer que las cosas sucedan sin tener poder para lograrlo. Yo procuraba creer y confiar en Dios para la sanidad física, la prosperidad y la felicidad familiar, pero nada de esto ocurría. Y no podía entender por qué. Así que me esforcé en creer y confiar más, lo cual sólo me produjo mayor fatiga, frustración, incomprensión, infelicidad y desilusión.

Comprenderá que mi error consistía en tratar de que las cosas sucedieran por la fe, por creer en Dios. Era necesario aprender que debía ir mas allá, depender de la gracia de Dios. Cuando lo hice, cuando dejé de lado todas mis obras, cesó la frustración. Comprendí que no importaba cuánta fe tuviera, si Dios no venía en mi ayuda con su gracia, a través de mi fe, jamás recibiría cosa alguna.

Finalmente comprendí que estaba frustrada por una sencilla razón: estaba impidiendo la gracia de Dios, la cual es su poder. Cuando hacemos esto la frustración nos invade.

Ruego al Señor que comprenda lo que estoy tratando de mostrarle. Como dije antes, existe aquí una línea o una diferencia muy sutil que con frecuencia pasamos por alto, y por hacerlo, nuestras vidas se tornan confusas cuando deberían ser apacibles. Creo que podría resumir todos mis años de frustración de la siguiente manera:

Confiaba en *mi* fe para suplir mis necesidades. Cuando éstas no eran suplidas, entonces me esforzaba tratando de tener más fe por cuanto no veía más allá, es decir, otra cosa diferente a *mi* fe. Todo parecía tener su fundamento en *ella*, cuando en realidad cada una de nuestras victorias está basada en la fidelidad de Dios.

Recuerdo una ocasión cuando casi agonizaba por mi carencia de fe en un área que necesitaba la ayuda de Dios. Estaba abrumada condenándome y sintiéndome culpable, cuando el Espíritu Santo me guió a leer 2ª de Timoteo 2:13 (RVR): *Si fuéremos infieles él permanece fiel, él no puede negarse a sí mismo.*

El Espíritu Santo procuraba enseñarme que debía quitar los ojos de mi habilidad, y para creer en la disposición de Dios para suplir mi necesidad, aun si no tenía una fe perfecta.

¿Recuerda al hombre que vino a Jesús pidiéndole sanidad para su hijo? El Señor le dijo que todas las cosas son posibles para el que cree. El hombre replicó: "¡Señor, creo! ¡Ayúdame por mi falta de fe!" O como dice la versión *Reina Valera Revisada: Ayuda mi incredulidad.* El hombre sabía que su fe era débil, pero fue honesto al respecto, y Jesús sanó a su hijo (Vea Marcos 9:17-24).

La gracia (el poder) de Dios entró en escena y le dio a ese hombre lo que él no merecía.

2

El poder de la gracia

Cuando (los samaritanos) los enemigos de Judá y de Benjamín oyeron que los desterrados de la cautividad construían un templo al Señor, el Dios de Israel, vinieron a Zorobabel (quien era Gobernador), y a las cabezas paternas, diciendo: "Edificaremos con ustedes porque buscamos y adoramos a su Dios y le hemos ofrecido sacrificios desde los días de Esar-hadón rey de Asiria quien nos trajo aquí.

Pero Zorobabel, Jesúa y los demás jefes de las casas paternas dijeron: "Ustedes no tienen nada que ver con nosotros en la construcción de la casa a nuestro Dios, sino que nosotros solos la construiremos para el Dios de Israel, tal como nos mandó el rey Ciro, rey de Persia.

Entonces (los samaritanos) el pueblo de la tierra debilitaba (continuamente) las manos de la gente de Judá y la atemorizaba y le causaba problemas mientras construía.

Y pagaron a los consejeros para que se pusieran en su contra para frustrar sus planes y propósitos, todos los días de Ciro rey de Persia y aún durante el reinado de Darío (II) rey de Persia

(Esdras 4:1-5).

En este capítulo quisiera compartir con usted un mensaje acerca de la gracia que mueve montañas.

Comencemos nuestro estudio del poder de la gracia examinando esta escena del libro de Esdras en el Antiguo

Testamento. Aquí encontramos a las dos tribus de Judá y Benjamín, quienes habían recibido permiso de Ciro rey de Persia para construir un templo al Señor. Cuando los samaritanos oyeron lo que estaba ocurriendo, vinieron a Zorobabel el gobernador, y a los otros líderes del pueblo, y les pidieron permiso para trabajar con ellos levantando, o construyendo el templo, por cuanto ellos, según sus palabras, también adoraban al mismo Dios.

Cuando usted verifica si era cierto que ellos tambien adoraban al Dios de Israel, descubre que la afirmación era correcta, pero que lo hacían con una razón incorrecta. Adoraban a Dios porque se les enseñó que lo hicieran para mantener sus campos libres del mal. Ellos no eran Israelitas, sino unos asirios que simplemente agregaron el Dios de Israel a la lista de los muchos dioses que adoraban. Mientras honraban a Jehová, el único y verdadero Dios, también conservaban y adoraban a sus falsos dioses e ídolos.

Puesto que los Israelitas eran bien conscientes de este hecho, no le permitieron a los samaritanos, sus enemigos de mucho tiempo atrás, participar con ellos en la construcción del templo al Señor. Cuando los Samaritanos lo oyeron se enojaron de tal manera que empezaron a hacer todo lo que estaba a su alcance para hostigar y causarle problemas al pueblo de Israel, a fin de frustrar sus planes y propósitos.

¿Cuál debía ser la reacción de los hombres de Dios ante este tipo de oposición y persecución? Creo que la respuesta a esta pregunta contiene la clave para disfrutar la vida de gracia que Dios desea para sus hijos.

Si usted y yo pensamos que podemos hacer cualquier cosa para Dios sin acarrearnos problemas, estamos equivocados. Jesús nos advirtió que en esta vida tendremos aflicción (Juan 16:33 RVR). Dijo que si él mismo fue odiado y perseguido, nosotros, sin duda alguna, lo seríamos también, porque somos suyos (Juan 15:18-20). Sabemos que no podemos avanzar por la vida sobre esta tierra, sin encontrar algún tipo de problema. Y con frecuencia son los problemas los que originan frustración, y hacen que nuestra vida sea desgraciada e infeliz.

Con frecuencia le sucede a las personas que vienen por primera vez al Señor, pronto empiezan a ser atacadas de maneras totalmente diferentes a las que experimentaron durante su vida sin Cristo. Muchas veces no entienden lo que les ocurre ni por qué. Si no reciben una instrucción apropiada en esta área, su perplejidad y frustración pueden hacerlos desmayar y caer.

Debemos recordar que el diablo no se cruza de brazos ni permite que conquistemos nuevos terrenos, sin oponernos resistencia. En cualquier momento que empecemos a progresar edificando del reino de Dios, el enemigo vendrá a atacarnos. Muchas veces se comete el error que yo cometí al comienzo de mi vida cristiana. Tratar de utilizar la fe para llegar a un lugar de total libertad o carente de problemas. Estoy segura de que usted ya sabe que las cosas no funcionan de esa manera.

El propósito de la fe no es mantenernos libres de problemas siempre. Es llevarnos a través de los problemas. Si nunca tuviéramos problemas no necesitaríamos tener fe. Ahora, decir esto no significa que sólo debemos esperar problemas, o que debemos aceptarlos como una forma de vida.

Según nuestra experiencia personal, mi esposo Dave y yo vivimos una tremenda suma de victorias. Esto se debe a que hemos aprendido a defender nuestro territorio, y a expulsar al diablo de nuestra propiedad, a sacarlo de las diferentes áreas de nuestra vida. Aprender a estar firmes durante los tiempos de dificultad es una de las mejores maneras de lograrlo.

Cuando usted ha ganado una victoria sobre el enemigo, tiene que estar preparado para defenderla.

Con frecuencia le digo a la gente durante mis seminarios que ser un cristiano victorioso es un trabajo de tiempo completo. Una tarea que nunca termina. Requiere que estemos continuamente alertas. Como los Israeli-tas en esta historia, debemos estar listos para reaccionar ante los problemas causados por nuestro adversario.

¿Cuál debe ser nuestra reacción ante los problemas? ¿Cómo superamos los obstáculos que el enemigo coloca en nuestra senda? ¿Cómo removemos las montañas que bloquean nuestro camino? ¿Mediante la lucha y los esfuerzos humanos? ¿Con ira y frustración? ¿Con fe solamente? ¿Mediante una buena confesión? ¿Con muchas horas de oración y estudio bíblico?

Démosle una mirada a un pasaje en el libro de Zacarías, a fin de comprobar lo que la Palabra de Dios tiene para enseñarnos sobre este asunto.

La gracia como poder

Y el ángel que hablaba conmigo vino otra vez y me despertó como un hombre que es despertado de su sueño.

Y me dijo: ¿Qué ves? Y le dije: Veo un candelero todo de oro, con un depósito (para el aceite) encima y sus siete lámparas en la parte superior, y (hay) siete tubos para cada una de las siete lámparas, las cuales están encima del candelero.

Y a los lados hay dos olivos, uno a su derecha y otro a su izquierda (alimentando continuamente el candelero con aceite)

(Zacarías 4:1-3).

Zacarías tuvo una visión por medio de la cual un ángel le habló. En esta visión vio un candelero hecho de oro con siete lámparas encima. Había también siete tubos para las lámparas y dos olivos, uno a cada lado, para alimentar continuamente las lámparas con aceite.

Ahora, si usted es un estudioso de la Palabra de Dios sabe que el aceite representa al Espíritu Santo, y que él es el poder del Todopoderoso Dios. En el primer capítulo de este libro, vimos que según Santiago 4:6 la gracia de Dios es el poder del Espíritu Santo que nos capacita para superar las tendencias pecaminosas. Aunque no lo dice con las mismas palabras, eso significa que la gracia es el poder de Dios para satisfacer nuestras necesidades y resolver nuestros problemas.

Durante años yo no comprendí lo que es la gracia, y como consecuencia fui una cristiana completamente frustrada. Como lo he dicho antes, constantemente procuraba realizar todas las cosas de mi vida por mí misma. Luchaba por remover las montañas de mi camino por medio de mi propio esfuerzo.

Si hubiera estado en el lugar de Zorobabel y los Israelitas, me hubiera desgastado tratando de construir el templo para el Señor. En lo profundo de mi corazón habría estado muy consciente del llamado del Señor para construirlo. Y como soy una persona decidida, hubiera trabajado hasta el cansancio procurando hacer por mi propio esfuerzo lo que el Señor me había pedido.

Hubiera estado terriblemente frustrada porque le habría permitido a mi enemigo el diablo producirrme una constante agonía. Habría gastado toda mi fuerza y mi energía tratando de resolver un problema cuya solución estaba sencillamente más allá de mi capacidad o poder. Lo único que habría podido producir, era una persona totalmente acabada, confundida y desgraciada.

Necesitaba una visión como la que recibió Zacarías según el pasaje, una visión en la cual es evidente el ilimitado poder de la gracia de Dios.

No por fuerza ni poder,
sino por el Espíritu

Y le pregunté al ángel que hablaba conmigo: ¿Qué es esto mi Señor?

Entonces el ángel me respondió: ¿No sabes que es esto? Y yo le dije: No Señor mío.

Entonces él me dijo: Esto (la adición del recipiente al candelero que le suministra una incesante provisión de aceite de oliva) es la palabra del Señor a Zorobabel, diciendo: No por fuerza ni poder, sino por mi Espíritu (del cual el aceite es un símbolo) dice el Señor de los ejércitos

(Zacarías 4: 4).

El Señor le habla aquí a las mismas personas que construían el templo, y de las cuales ya leímos en el libro de Esdras. Les está diciendo cómo deben reaccionar ante su frustrante situación. Les dice que su reacción ante los problemas no debe ser depender de su propia capacidad ni de sus esfuerzos, sino del ilimitado poder del Espíritu Santo para encarar los asuntos y resolver las crisis que enfrenten.

El poder de una apropiada
relación con Dios.

Porque ¿quién eres tú, oh gran monte (de obstáculos humanos)? Delante de Zorobabel (quien con Josué ha guiado el regreso de los desterrados de Babilonia y dirigido la reconstrucción del templo) serás convertido en llanura. Y él establecerá la piedra angular (del nuevo templo) en medio de las aclamaciones de la gente diciendo: Gracia a ella

(Zacarías 4:7).

Los samaritanos, quienes atacaron a los Israelitas mientras construían el templo del Señor, habían llegado a ser como una montaña de obstáculos, frustrándolos e impidiéndoles hacer lo que el Señor les había ordenado.

Esta puede ser la situación en la cual se encuentra usted en estos precisos momentos cuando lee estas páginas. Tal vez sienta que el Señor le ha ordeñadado hacer algo, pero el enemigo ha puesto una montaña en su camino para frustrarlo e impedirle cumplir con la voluntad del Señor. Si es así, yo sé exactamente cómo se siente porque así solía sentirme yo.

El problema es de perspectiva.

Muchas veces estamos tan ocupados, quizás atrapados lidiando con nuestros adversarios, nuestro propio esfuerzo y fortaleza, que perdemos de vista la comunión con Dios.

Por extraño que parezca, creo que durante los primeros años de mi ministerio pasé más tiempo con Satanás que con Dios. Lo que quiero decir es que por pensar constantemente en el diablo, hablándole, tratando de interpretar lo que hacía, y procurando alejarlo de mi vida, enfocaba mi atención mucho más en quien me estaba causando problemas, que en Aquél que tenía el poder de solucionármelos todos.

Usted y yo como creyentes no estamos para mantener nuestros ojos en el enemigo y sus obras, sino en el Señor y su ilimitado poder. Es una tentación muy fuerte dejarse atrapar por el problema, empezar a racionalizar, a imaginar y a preocuparse. Cuando hacemos eso magnificamos el problema y le damos más importancia que a quien puede solucionarnos los problemas.

En este pasaje el Señor le dice a Zacarías que si bien el problema que enfrentan los Israelitas, parece una montaña, realmente es una pequeña elevación. ¿Le gustaría que sus montañas se convirtieran en pequeños lunares? Puede ocurrir si hace lo que Dios dice aquí y mira, no los problemas, sino al Señor y su poder.

Si Dios le ha ordenadado a hacer algo, entonces con toda certeza es su voluntad, no sólo que usted comience, también que termine. Pero nunca completará la tarea encomendada por Dios, si no entiende que la gracia es el poder del Espíritu Santo.

Recuerde: no es por el poder o la fuerza, sino por el Espíritu que ganamos la victoria sobre nuestro adversario. Somos vencedores *por* gracia *mediante* la fe.

La fe como el medio, no como la fuente

En Efesios 2:8-9, dice que somos salvos por gracia, mediante la fe. Sí. Necesitamos fe. Pero debemos entender que la fe no es el poder que nos salva, sino sencillamente el canal a través del cual recibimos la gracia de Dios, es decir, el poder del Espíritu Santo.

En esta analogía de Zacarías, la fe es la lámpara, pero la gracia es el aceite. Podríamos tener todas las lámparas del mundo, pero si no hay aceite combustible en ellas, no tendrán la capacidad de alumbrar.

En el capítulo uno utilicé el ejemplo del ventilador eléctrico que tiene la capacidad de refrescar a una persona, pero sólo si es conectado a la fuente de la energía eléctrica. Esa ilustración se puede aplicar en nuestro caminar con el Señor. Muchas veces terminamos con un montón de principios, métodos y fórmulas, pero sin ningún poder real. La razón es que todos ellos, como la fe, son sólo canales a través de los cuales recibimos de Dios. Todos son buenos, y es necesario conocerlos, pero por sí solos no pueden resolver nuestros problemas.

Necesitamos aprender acerca de la fe. Ella es algo maravilloso. La Biblia dice que *sin fe es imposible agradar a Dios* (Hebreos 11:6 RVR). Es tan vital e importante debido a que ella es el medio por el cual recibimos de Dios todas las cosas buenas que él quiere proveernos. Por eso es que el Señor ha utilizado los últimos años entrenando a su pueblo en la fe. Él quiere que sus hijos pongan sus ojos y aprendan a confiar en él para poder hacer en, y a través de ellos su voluntad en la tierra.

Esto mismo ocurre con la oración, la alabanza, la meditación, el estudio bíblico, la confesión, la guerra espiritual y todos los demás preceptos sobre los que hemos estado escuchando y con los cuales nos hemos comprometido. Pero en toda nuestra actividad espiritual debemos tener cuidado de no empezar a adorar, adherirnos, confiar, y depender de estas cosas, en lugar de confiar y depender del Señor.

Podemos llegar a adorar el tiempo de oración, el estudio bíblico, la confesión, la meditación, la alabanza y las buenas obras. *Es posible desarrollar fe en nuestra fe, y confiar más en ella que en nuestro Dios.* Casi produce miedo pensar en el hecho de que existe una muy sutil diferencia entre las dos cosas.

Pero lo que debemos recordar es que, tan buenas como pueden ser estas cosas, son sólo canales para recibir del Señor. Como el ventilador de nuestra ilustración, no es de ninguna utilidad para nosotros, a menos que lo conectemos a la fuente del poder divino.

¡Conéctese!

Mi querido hermano o hermana, permítame decirle que si usted es un cristiano o cristiana frustrado y confuso se debe a que no está conectado. Si usted lo está, si tiene paz en su interior, entonces sabe que no es por la fuerza o el poder, sino por el Espíritu del Señor. Cada vez que empiezo a sentirme frustrada, el Señor me habla al corazón, diciendo: "Joyce, lo estás haciendo otra vez". ¿Qué estoy haciendo qué? Tratando de hacer yo lo que sólo él puede hacer. Procurando que las cosas ocurran por mi propio esfuerzo y poder, y en el proceso la confusión y la frustración se comienzan a apoderar de mí. Estoy procurando mover montañas con mi propio esfuerzo humano en lugar de decir: "Gracia, gracia a la montaña".

Ni la frustración ni la confusión son parte de nuestra herencia divina. Como ocurre con el ventilador de nuestra ilustración, nunca lograremos nada a menos que estemos conectados a la fuente del poder divino. ¿Cómo podemos permanecer conectados? Mediante una relación personal con el Señor, la cual requiere tiempo.

No importa cuántos principios y fórmulas aprendamos, jamás tendremos ninguna victoria real y duradera en nuestra vida cristiana, sin pasar tiempo en comunión personal y privada con el Señor. La victoria no se encuentra en los métodos, sino en Dios. Si queremos vivir en victoria, tendremos que mirar más allá de las formas y las maneras para eliminar nuestras dificultades, y encontrar al Señor en el centro de nuestros problemas.

Nuestro Padre celestial sabe que ninguno de nosotros puede manejar las situaciones que enfrentamos continuamente en nuestra vida diaria, sin que habite en nosotros la presencia y el poder de su Santo Espíritu.

Ninguno de nosotros puede hacer lo que otro hace (sencillamente porque nos gustaría hacerlo), porque todos somos diferentes. Tenemos diferentes llamados, dones, personalidades y estilos de vida. Cada uno debe tener comunión con el Señor, y permitir que nos guíe y dirija diciéndonos lo que debemos hacer en cada situación que enfrentemos como individuos.

Dios tiene un plan personalizado para cada uno de nosotros, un plan que nos llevará a la victoria. Esa es la razón por la cual los principios, los métodos y las fórmulas no son la última respuesta, porque ellos no permiten las diferencias personales. Tan buenas como puedan ser todas estas cosas, como pautas generales, no substituyen la comunión personal con el Dios viviente.

Caminando en
comunión con Dios

Sé que usted desea la paz y la victoria en su vida. ¿Que cómo lo sé? Porque está leyendo este libro, y por eso es que le estoy señalando la fuente de toda paz y victoria, no las bendiciones de Dios, sino a Dios mismo.

Si hay algo que el diablo trata de impedirle a la gente es su comunión con el Señor. A Satanás no le importa cuántas lámparas tengamos con tal de que no haya aceite combustible en ellas. No se preocupa de cuántos ventiladores tengamos, mientras no los conectemos a la energía, porque sabe que tan pronto nos enchufamos a la fuente del poder divino, todo ha terminado para él.

¿Sabe lo que ocurre cuando usted pasa tiempo con el Señor? Empieza a actuar como David cuando enfrentó al gigante Goliat, es decir, que con firmeza le pregunta al enemigo: "¿Quién se cree usted para que desafíe el ejército del Dios Viviente? (1º de Samuel 17:26).

Se supone que usted y yo como soldados de la cruz no debemos temerle a nuestro adversario el diablo. Todo lo contrario, estamos para... ...*fortalecernos en el Señor, y en el poder de su fuerza* (Efesios 6:10 RVR). Cuando nos llega un espíritu de temor, en lugar de temblar como una hoja, debemos estar confiados como un león.

El diablo ataca a todos aquellos que le están haciendo daño al reino de las tinieblas, a quienes están haciendo algo para Dios. ¿Cómo debemos resistirlo? Vistiéndonos con toda la armadura de Dios, tomando el escudo de la fe, con el cual podemos apagar todos los dardos de fuego del maligno, y esgrimiendo la espada del Espíritu, es decir, la Palabra de Dios (Efesios 6:13-17 RVR). Pero toda esta armadura y todas estas armas las obtenemos pasando tiempo en comunión con el Señor.

En realidad Efesios 6 comienza esta disertación sobre la armadura de Dios diciendo: *...sean fuertes en el Señor (fortalézcanse mediante la unión con él)...* Para mí lo que dice es: "Sean fuertes mediante su comunión con Dios". Luego el verso 11 continúa diciendo: *Vestíos de toda la armadura de Dios...* Sólo después de haber sido fortalecidos, mediante la comunión, podemos vestir o llevar apropiadamente la armadura.

En mi caso personal he aprendido a disciplinarme pasando varias horas al día en comunión personal con mi Padre celestial. El Señor me ha dicho que no existe la forma de tener una vida cristiana y un ministerio exitoso, sin estar dispuesta a entregarle el cien por ciento de mi vida.

Si quiero tener la victoria no tengo alternativa. Debo practicar la comunión con el Señor varias horas cada día, debido al llamamiento que hay en mi vida. Quizás el Señor no requiera tal clase de compromiso de parte suya. Quizá desee de usted sólo una hora diaria. Tal vez 30 minutos en la mañana y 30 en la noche. Podría ser más, o un poco menos; la cantidad de tiempo varía de una persona a otra. Pero cualquiera sea el período de tiempo que usted sea llamado a pasar con el Señor diariamente, le puedo decir que si no está dispuesto a hacer ese sacrificio, debe olvidar que tendrá victoria y que disfrutará de paz en su vida cristiana. Irá al cielo, desde luego, porque su nombre está escrito en el Libro de la Vida del Cordero. La salvación no es el resultado de su comunión, sino de la sangre que derramó Jesús. Pero vivirá luchando todos los días de su vida aquí sobre la tierra.

Debemos aprender que sólo en la *presencia* de Dios recibimos su *poder.*

Cuando por primera vez empecé a pasar tiempo en comunión con Dios, fue difícil para mí. Me sentí torpe, tímida y aburrida. Sentada bostezaba, y trataba de no quedarme dormida. Aprender a estar quieta en la presencia de Dios, como aprender cualquier cosa que valga la pena,

toma tiempo. Usted debe persistir, pues se trata de algo
que no puede aprender de otra persona. Pienso que es imposible enseñarle a otra persona cómo tener comunión con
el Señor. ¿Por qué? Porque cada persona es diferente y debe
aprender por sí misma a comunicarse con su Creador.

Mi tiempo de comunión incluye todo tipo de oración
(petición, intercesión, alabanza, etc.), la lectura de libros
que Dios está utilizando, el estudio bíblico, esperar en la
presencia de Dios, arrepentimiento, lágrimas, risa, y revelación. Mi tiempo con él es diferente casi todos los días.

Dios tiene un plan individual para cada persona. Si
desea y lo permite, él entrará a su corazón y tendrá comunión con usted. Lo guiará y le enseñará la senda que
debe seguir. No trate de ser como los demás, o de hacer lo
que otros hacen. Sencillamente permita que el Señor le
muestre la forma como debe tener comunión con él. Entonces avance, y camine paso a paso bajo su dirección.

Algunas veces tendrá que guardar aceite para el futuro. Esto significa que no sólo necesita comunión día tras
día, sino que en ocasiones tendrá que pasar con el Señor
más tiempo del usual, porque él sabe que enfrenta una
situación que reducirá sus recursos físicos y espirituales.

¿Recuerda la parábola que Jesús contó acerca de las
10 vírgenes que traían sus lámparas y esperaban la llega-
da del esposo? Cinco de ellas fueron insensatas y pusie-
ron aceite en sus lámparas sólo para el momento, pero las
otras cinco fueron suficientemente sabias para traer aceite extra, en caso de que el esposo demorara. Como el esposo llegó tarde, las que habían agotado su aceite le su-
plicaron a las otras que les prestaran, pero éstas rehusa-
ron hacerlo. Las insensatas tuvieron que apresurarse a
comprar más aceite, y mientras tanto fueron excluidas de
la fiesta de bodas (Mateo 25: 1-12).

¿No es así como obramos algunos de nosotros? No
trabajamos ni tomamos tiempo a fin de prepararnos para lo que viene. Corremos en busca de aceite y tratamos

de tomar prestado de quienes tienen algo extra. El Señor permitirá que lo hagamos por algún tiempo, pero tarde o temprano, cada uno de nosotros tendrá que aprender a almacenar reservas de aceite para ocasiones futuras.

Si usted sacrifica 15 ó 20 minutos de sueño en la mañana con el fin de madrugar y buscar su rostro, Dios honrará y recompensará ese sacrificio. Si está dispuesto a apagar el televisor 30 minutos en la noche, y a pasar ese tiempo en comunión con el Señor, será ricamente recompensado.

Como hay ocasiones cuando la dura labor, o una situación de prueba y dificultad agotan todas sus reservas, usted necesita un "tiempo extra" para reponer las fuerzas que ya utilizó.

Eso no significa que nunca pueda divertirse, o que estará sentado en una habitación con Dios todo el tiempo. Él es un Padre amoroso. Él quiere que sus hijos tengan una vida abundante y de regocijo. No querrá de usted más de lo que puede dar. Él no es un ogro que quiere hacerlo desgraciado. Él sabe justamente lo que usted necesita para que viva una vida de abundante regocijo y victoriosa. Y también sabe que ésta se logra no a través de los métodos, sino por la comunión con él.

Aprenda a seguir y obedecer con rapidez los impulsos e insinuaciones del Espíritu Santo. *Pase tiempo en privado con él antes de salir a sus actividades públicas.* Tenga comunión con Dios para que sea estable mientras enfrenta los acontecimientos de la vida diaria.

No con esfuerzo, sino con el Espíritu

El diablo quiere que usted y yo creamos que podemos comprar la gracia de Dios. La gracia de Dios no está en venta, pues su misma definición, favor *inmerecido*, indica que es un regalo.

La gracia no se puede comprar con oración, buenas obras, lectura bíblica o las ofrendas. No se puede comprar leyendo, memorizando o confesando las Escrituras. Ni siquiera con la fe puede ser comprada. La gracia de Dios no se *compra*, se recibe.

Antes de que el Señor me tomara y comenzara a cambiar, yo era terrible. No tenía en mí el fruto del Espíritu. Todo lo contrario manifestaba el fruto de la carne: era impaciente, cortante, brusca, grosera, egoísta, egocéntrica, codiciosa, de malos modales, etc. Y aunque ahora soy salva, bautizada con el Espíritu Santo, amo a Dios y deseo servirle con todo mi corazón, si no pasara tiempo con el Señor cada día, como en efecto lo hago, todavía actuaría en la forma como solía hacerlo.

Los cristianos debemos aprender la triste verdad de que sólo la experiencia de nuestra salvación no nos hace actuar mejor que antes. Debemos renovar nuestra mente con la Palabra de Dios, y pasar tiempo en comunión con el Espíritu Santo. Si queremos mejorar nuestro comportamiento debemos estar conectados con el Espíritu del Dios Vivo. Esta es la lección que el Señor me enseñó para mi propia vida y ministerio. Si quiero alumbrar debo estar conectada a la energía eléctrica.

Después de muchos años de luchas como cristiana y predicadora, llegó a ser claro en mi mente que no es por la fuerza o el poder que debo vivir, sino por el Espíritu del Señor. El éxito en mi vida y ministerio no depende de mis esfuerzos, sino de la presencia y el poder de Aquél que vive su vida y obra a través de mí (Gálatas 2:20 RVR).

Cuando en una reunión me paro frente a la audiencia, especialmente frente a personas de diferentes iglesias y denominaciones, sé que no importa cuánto estudie y me prepare, pues no tengo el poder para predicarles la Palabra del Señor por mí misma. Tengo que depender totalmente de la gracia del Señor, dejando todo en sus manos, permitiéndole que haga en mí y a través de mí, lo que yo no puedo hacer por mí misma. Por supuesto que estudio y me preparo pero, aun eso puede fallar si él no se manifiesta.

Aveces en nuestro celo por servir al Señor hacemos mucho. Sé que ha habido ocasiones cuando yo estaba realmente muy bien preparada. Había estudiado y orado por muchas horas de tal forma que tenía todo listo dentro de mí. Por eso es que a menudo, a pesar de toda nuestra actividad, nada ocurre. Aun, cuando Dios se manifiesta y obra en y a través de nosotros, a veces no somos gratos con él porque pensamos que hemos logrado los resultados por nuestro propio esfuerzo.

¿Un Obrero, o un Creyente?

A un obrero no se le cuenta su salario como un favor o un regalo, sino como una obligación (algo que se le debe).

Pero a aquel que no obra (por la Ley), pero confía (cree totalmente) en Aquél que justifica al impío, su fe le es contada como justicia (es considerado acepto ante Dios)

(Romanos 4:4-5).

Si usted y yo sacamos tiempo para leer la Biblia, orar, meditar, confesar de manera positiva, o aun estar con el Señor, en un esfuerzo por lograr algo, entonces nuestra comunión con él no es por gracia, sino por obras.

Aun cuando operemos con los métodos correctos, debemos ser muy cuidadosos de que nuestras motivaciones sean puras. No caigamos en la trampa de pensar que *merecemos* alguna cosa del Señor.

De acuerdo con la Biblia, sólo merecemos la muerte y el castigo eterno. ¿Por qué? Porque a los ojos de Dios todas nuestras justicias, cada cosa buena que pudiéramos haber hecho, es como un trapo de inmundicia (Isaías 64: 6 RVR).

Debemos mirar nuestra justicia y compararla con la justicia del Dios Todopoderoso. Si hacemos lo anterior, en lugar de comparar nuestra justicia con la injusticia de los demás, nos veremos tal como somos realmente. Ahora bien, no estoy hablando de sentirnos mal con nosotros mismos. Hablo de ser conscientes de lo que somos en Cristo Jesús, independientemente de nuestras obras o esfuerzos.

Como ministra, no merezco disfrutar la unción del Señor sobre mi vida y ministerio, sólo porque paso tiempo con él diariamente. Además sé que debo tener motivos correctos. A la par de mi comunión con el Espíritu Santo, debo mantener un espíritu o una actitud correcta. Permítame ilustrarle esta verdad.

Hubo un tiempo durante el cual traté de leer toda la Biblia en un año. Eso suena grandioso, pero en realidad no lo es porque la motivación era incorrecta. No lo hacía por la guía de Dios, sino para igualar a todos los demás en la iglesia.

En otra época traté de orar cuatro horas al día. ¿Cree usted que el Señor me permitió hacerlo? No hubo manera. Cada vez que empezaba a orar me dormía, o se me agotaban las peticiones por las cuales quería orar. ¿Sabe por qué el Señor no me permitió orar ese número de horas? Porque mi motivación no era correcta, porque lo hacía con un motivo equivocado. No porque el Señor me estuviera guiando a hacerlo, sino porque alguien vino a nuestra iglesia y testificó que él lo había hecho. Entonces pensé: "Bendito el Señor, yo también lo voy a hacer".

Quiero que sepa que la determinación y la fuerza de voluntad pueden llevarlo hasta cierto punto. Pero cuando la carne flaquea, y así sucede, todo el asunto sufre un colapso que usted también sufrirá.

Si hemos de servir al Señor, nuestros motivos deben ser rectos. Debemos buscar al Señor y procurar la comunión con él sólo porque lo amamos y queremos estar en su presencia. Cuando llegamos al punto de pensar que merecemos alguna cosa porque estamos haciendo algo para Dios, sea lo que sea, aun pasando tiempo en comunión con él, estamos siguiendo un método más que al Espíritu.

He aprendido a no prepararme más de la cuenta para las conferencias. Estudio y oro en la medida que la unción del Señor se mantiene sobre mí para hacerlo. He aprendido a terminar cuando ella cesa. Me tomó cierto tiempo (años, en efecto) aprender que no podía merecer o comprar una buena reunión o conferencia con largas horas de preparación. A veces estudio más tiempo que en otras ocasiones, pero siempre sigo la dirección del Señor, no la mía.

En una oportunidad cuando estaba dando esta enseñanza en una serie de reuniones, mi esposo Dave dijo algo muy importante: "Los agricultores tienen fórmulas para sembrar, pero no para cosechar". Lo que él quiso decir es que la gente puede sembrar las semillas, pero no hacer que ellas crezcan y produzcan fruto.

Cuando un agricultor sale a sembrar, primero debe preparar el campo. Tiene que picar y desmenuzar el terreno, recoger la hierba y la maleza, arar y surcar, plantar las semillas, y luego agregar agua y fertilizantes. Pero la Biblia declara que jamás ningún agricultor puede hacer que las semillas germinen y se conviertan en plantas.

En la parábola del sembrador, según el evangelio de San Marcos, Jesús compara el reino de Dios con un agricultor que siembra su semilla en el campo, *y duerme y se levanta, de noche y de día, y la semilla brota y crece sin que él sepa cómo* (Marcos 4:27 RVR).

Como usted puede ver, no entendemos lo que ocurre una vez que la semilla es sembrada en la tierra. Sí. Debemos plantar nuestra semilla. La oración es una semilla. El estudio bíblico es una semilla. La preparación también lo es. La meditación y la confesión positiva también. Las ofrendas conforman una semilla, como también la asistencia a la iglesia, las buenas obras y el tiempo que pasamos en comunión con Dios. Pero con ninguna de estas cosas podemos comprar la gracia de Dios, porque su gracia es un regalo.

No ganamos el favor de Dios por nuestra labor, lo recibimos como un regalo. Las bendiciones de Dios son derramadas sobre nosotros no por obras, sino por gracia, mediante la fe.

Cada vez que nuestro ego toma preeminencia entramos a un terreno peligroso. Debemos desviar la atención de nosotros, y de nuestras obras y esfuerzos, y mantener nuestra mirada en Dios y en su gracia.

La fe en Dios

Y Jesús replicó, diciendo: Tengan fe en Dios (constantemente).

En realidad les digo: Cualquiera que diga a esta montaña, levántate y échate en el mar, y no dude en su corazón, sino creyere que será hecho lo que dice, lo que diga le será hecho
(Marcos 11:22,23).

Note que en este pasaje lo primero que Jesús nos dice es que tengamos fe (constantemente) en Dios, no en nuestra confesión.

Hubo una época en mi vida cuando concentré toda mi atención en la fe y la confesión a tal punto que estaba convencida de que si decía algo, tenía que ocurrir porque yo lo decía. El error que cometí fue pensar que eran mi fe y confesión las que producirían lo que yo dijera. Olvidaba que para recibir alguna cosa de Dios debía confiar en él, y no en mis palabras o acciones. El Señor me tuvo que enseñar a mantener mis ojos en él, y no en un método o en una fórmula. Yo creo en la confesión de la Palabra de Dios. La enseño y la practico todos los días. Dios obra a través de ella, pero mi fe permanece en él, no en la confesión.

Dios puede

Y Aquél que es poderoso para hacer todas las cosas mucho más abundantemente de lo que pedimos o entendemos, según el poder que actúa en nosotros
(Efesios 3:20).

Esta es una escritura de mucho poder. Si usted medita en ella, creo que se dará cuenta de ello.

Lo que nos dice es que Dios puede hacer cosas, tiene la capacidad, superiores a las que usted y yo podemos atrevernos a esperar, pedir, o aun imaginar.

Necesitamos orar antes de pedir. Recuerde lo que dije en la primera parte de este libro. "No tenemos porque no pedimos". Nuestra parte consite en pedir con fe y confianza. Eso abre el canal. Pero es Dios quien hace la obra, no nosotros. ¿Cómo lo hace? *Según (o por) el poder (o la gracia de Dios) que actúa en nosotros.*

Sinceramente creo que cualquier cosa que recibamos de Dios está directamente relacionada con la cantidad de gracia que aprendamos a recibir.

Hemos visto que gracia equivale a poder. Ahora me gustaría examinar cómo podemos aplicar el poder y la gracia de Dios para enfrentar las situaciones específicas de la vida. Lo primero que quisiera discutir es cómo recibir la gracia de Dios para la transformación personal.

¿Tiene luchas debido a los cambios que se deben producir en su personalidad? ¿Se ha sentido frustrado y confundido tratando de creer, tener fe, confesar, y hacer todas las cosas correctas para producir cambios en usted y en su vida, los cuales parece que nunca ocurren? ¿Termina más frustrado y confundido que al comienzo?

Como ya se lo he dicho, eso era lo que me ocurría. El esfuerzo por cambiar me produjo un estrés increíble. Sentía sobre mi vida una tremenda condenación pues cada mensaje que escuchaba parecía decirme que debía cambiar, sin embargo, no podía hacerlo a pesar de lo mucho que procuraba, creía o confesaba. Estaba en un lío terrible pues veía todas las cosas que en mí requerían cambio, pero era impotente para producirlo.

No sé como será usted, pero yo era una "doña arreglalotodo". Donde quiera que hay algo mal, mi primer impulso es saltar y corregirlo. Quería cambiar todo lo que veía incorrecto en mí, y en mi estilo de vida, pero por alguna razón no podía. Creía que era el diablo quien me lo impedía. Pero luego aprendí que era el mismo Señor quien no me lo permitía. ¿Por qué? Porque lo trataba de hacer sin tenerlo en cuenta para recibir el crédito y la gloria que por derecho le pertenecen a él.

Cuando usted haya terminado de leer este libro habrá aprendido por lo menos una cosa: por qué la gente no tiene un corazón agradecido. Verá claramente que nosotros, los seres humanos, no merecemos ni la menor de las bendiciones divinas. Una vez que entienda plenamente esa verdad, en lugar de presumir y atribuirse el crédito cada vez que algo bueno llegue a su vida, ya sea por su gran fe, su confesión, o por otros actos, automáticamente dirá: "¡Oh, Dios, gracias a ti!"

Yo solía dar vueltas preguntándole al Señor: "Padre, he hecho todo correctamente, ¿por qué las cosas no me funcionan?" La respuesta era que mi atención estaba centrada en mí misma y en lo que hacía, en lugar de enfocarme en el Señor y en lo que él hacía por mí debido a su gran misericordia, su amor y su gracia.

Pedirle a Dios, o hacerlo usted mismo

Permítanme hacerles una pregunta: ¿Recibieron el Espíritu (Santo) como resultado de su obediencia a la Ley y de sus buenas obras, o fue por escuchar (el mensaje del Evangelio) y creer? (¿Fue por observar los rituales de la Ley o por el mensaje de fe?).

¿Son tan torpes, faltos de conocimiento, y necios? ¿Habiendo comenzado (su nueva vida espiritual) por el Espíritu (Santo) ahora están buscando la perfección por (confiar en) la carne?

¿Han sufrido y experimentado tantas cosas para nada (sin propósito)? Si realmente fue en vano y sin propósito.

¿Aquél que les provee el maravilloso Espíritu (Santo), y obra poderosos milagros entre ustedes, lo hace por (sus obras) las demandas de la Ley, o porque creyeron, se adhirieron, confiaron y dependieron del mensaje que escucharon?

(Gálatas 3:2,5).

En el versículo 2, Pablo le pregunta a los creyentes de Galacia: "¿Recibieron al Señor por sus obras y esfuerzos personales, o por oír el mensaje del Evangelio y creerlo?"

Luego, en el versículo 3, les pregunta: "¿Son realmente tan tontos, faltos de conocimiento, y necios como para empezar su nueva vida, espiritualmente hablando, por el Espíritu, y luego tratar de alcanzar la perfección dependiendo de su propia y débil naturaleza carnal?

Cuando el Señor me dio este mensaje, esta fue una de las escrituras que me reveló, e hizo un poderoso impacto en mi vida. Comprendí que había recibido al Señor por fe, pero trataba de perfeccionarme por los esfuerzos carnales. Procuraba cambiarme y transformar mi vida por el esfuerzo humano, en lugar de confiar totalmente en él.

El esfuerzo tiene su lugar en la vida cristiana; desempeña un papel importante. No obstante, ninguna cosa hecha sin contar con la gracia de Dios tendrá efectos duraderos.

A continuación Pablo interroga a los Gálatas: "¿Han padecido todas estas cosas en vano? ¿Quieren volver atrás y empezar de nuevo todo el proceso de la santificación?"

Durante los primeros años de mi vida y ministerio, sufrí terriblemente. Eso es lo que ocurre cada vez que procuramos vivir por las obras.

Finalmente Pablo concluye, en el versículo cinco, su argumento cuando pregunta: "¿Suple Dios cada una de sus necesidades, y obra milagros entre ustedes por guardar perfectamente la Ley, o por tener fe y confiar enteramente en el mensaje que oyeron?"

Puede parecer ridículo, pero cuando yo estaba tan frustrada y confundida procurando transformarme a mí misma, jamás se me ocurrió pedirle al Señor que lo hiciera él y abandonarme en sus manos. Yo era como una persona que habla demasiado. Cuando el Espíritu Santo la convence de pecado, diciéndole: "Tú necesitas aprender a callar algunas veces", ¿qué debe hacer esa persona? En vez de discutir o inventar excusas debe decir: "Tienes razón, Señor. Yo hablo demasiado. Tú me conoces, Padre. Mi boca ha estado sin control por mucho tiempo. Creo que no hay ninguna esperanza de controlarla sin tu ayuda. Por favor, ayúdame, porque de otra manera estoy condenado a fallar otra vez".

El Señor tiene que ser nuestra fuente y nuestro proveedor. Esto es algo que tuve que aprender a la fuerza.

Aunque sabía que necesitaba muchos cambios en mi vida, nunca se me ocurrió pensar que Dios era el único que podía realizarlos. No sabía lo suficiente para postrarme ante el Señor sistemáticamente, diciéndole: "Padre, he perdido el control y no puedo hacer nada al respecto. Como un niño pequeño sin quien le ayude, vengo a ti. Pongo toda esta situación en tus manos, implorando tu gracia. No merezco tu ayuda, Padre, pero tú eres mi única esperanza. Por favor, haz por mí lo que yo no puedo hacer".

Muchas veces pedimos la ayuda de Dios sólo si pensamos que hemos hecho algo para ganarla o merecerla. Yo tuve que aprender a decir: "Padre, aunque no soy digna y no merezco tu ayuda, sé que esto no funcionará si tu poder no interviene".

Si usted habla demasiado, solo Dios puede ayudarle. La Biblia dice en Santiago 3:8 que ningún hombre puede domar su lengua. Otro ejemplo podría ser si necesita perder peso. Está siguiendo la dieta correcta, pero sin el poder de Dios fallará una y otra vez. Podrá ser efectiva para otro, pero no para usted. El mismo Señor podría hacer que no lo fuera, a menos que le permita obrar el cambio y que reciba todo el crédito y la gloria.

¿Cuándo aprenderemos a pedirle al Señor en lugar de tratar de hacerlo todo nosotros?

De gloria en gloria

El Señor es Espíritu, y donde está el Espíritu del Señor hay libertad (emancipación de la servidumbre hacia la libertad).

Y todos nosotros, como con el rostro descubierto, continuamos mirando (en la Palabra de Dios) como en un espejo la gloria del Señor; somos continuamente transformados a su misma imagen en un siempre creciente esplendor, de un grado a otro de gloria (porque esto proviene) del Señor (quien es) el Espíritu

(2ª de Corintios 3:17, 18).

Note que nuestra libertad y emancipación, nuestra libertad de la esclavitud, no viene de nosotros mismos, sino del Espíritu de Dios, mientras continuamos contemplando la gloria del Señor. *Él* nos transforma a la medida que continuamos en su Palabra. El crédito es suyo, no nuestro.

¡La obra es del Señor!

De este hecho estoy convencido y seguro: que Aquél que comenzó en ustedes la buena obra, la continuará hasta el día de Jesucristo (antes del tiempo de su venida) desarrollándola, perfeccionándola y llevándola a una plena realización en ustedes

(Filipenses 1:6).

Es Dios quien ha comenzado esta buena obra en nosotros. Él la comenzó y la terminará. Está obrando en nosotros en este mismo momento, desarrollando, perfeccionando y llevando a plena realización la buena obra que ha iniciado. Podemos descansar sabiendo que él es el único que puede hacerlo. La presión sobre nosotros se acaba porque la obra es del Señor, no nuestra. Creo que esta verdad nos hace entrar al reposo de Dios. Y una vez que tenemos su reposo y su paz, también podemos entrar en su gozo.

Mirar a Jesús, no a nosotros mismos

Desviando nuestra mirada (de todo lo que pueda distraernos), y poniéndola en Jesús, quien es el guiador y la fuente de nuestra fe (quien le da el primer incentivo a nuestra confianza), y es también el consumador (llevándola a la madurez y a la perfección)...

(Hebreos 12:2).

Quiero animarlo a quitar la mirada de sí mismo y de sus problemas, y ponerla en Jesús y su poder. Como él ya conoce lo que está mal en usted, está deseoso y listo para efectuar los cambios que necesita, además de producir madurez y perfección a su vida. Sólo tiene que pidir y confíar que en Dios lo hará.

En mi caso no me atrevía a acercarme al Señor con la lista de cosas incorrectas que había en mi vida. Pensaba que por causa de estas cosas terribles y negativas el Señor no quería (o no podía) tener ninguna relación conmigo hasta que todas fueran cambiadas.

Eso es lo que numerosas personas hacen en muchas ocasiones. Se alejan de Dios por causa de sus pecados, fracasos y debilidades. Cuando leen la Palabra y caen bajo convicción, ponen cierta distancia entre ellos y el Señor porque se sienten tan mal consigo mismos que no pueden estar en su presencia. Ese es un error. La Palabra de Dios nos convence de pecado para que nos acerquemos a él, no para que nos alejemos.

Estoy tan agradecida con el Señor porque nunca me echó de sí por mis faltas y pecados. Todo lo contrario, se me acercó y comenzó a transforme en la persona que quiere. Todo lo que hice fue pedirle que me transforme y me santifique, y confiar que lo hace. Luego, evitar las "obras de la carne" y esperar en él. Mediante la fe y la paciencia recibí las promesas (Hebreos 6:12).

¡A Dios sea la gloria!

Absténganse del mal (apártense y manténganse lejos de él), de cualquier tipo y de cualquier forma.

Y el mismo Dios de paz los santifique por completo (los separe de las cosas profanas, y los haga puros y enteramente consagrados a él); y que su espíritu, alma y cuerpo sean guardados íntegros (y hallados) sin culpa hasta la venida de nuestro Señor Jesucristo (el Mesías).

Fiel es el que los llama, completamente digno de confianza, y él también lo hará (hará fructífero su llamado, guardándolos y santificándolos)

(1ª de Tesalonicenses 5:22-24).

El versículo 22 es típico del tipo de pasajes bíblicos que solían asustarme e intimidarme. Yo leía cosas tales como **absténganse** (manténganse alejados) del mal e instantáneamente tenía una nueva tarea en mis manos. No sabía que el Señor era mi protector y santificador. Creía que era obra mía guardarme y santificarme. Volverme pura, sin faltas y completamente consagrada a él.

En el versículo 23 la palabra *santificar* significa: "hacer santo". ¿Quién puede hacer eso? El mismo Dios de paz.

Note como el versículo 24 dice que Dios, quien nos llamó, es fiel y completamente digno de confianza. ¡Él lo hará! ¿Hará qué? Desarrollará su llamado en nuestras vidas, santificándonos y conservándonos santos.

Esto parece una contradicción. Primero Pablo habla de que debemos abstenernos del mal, y luego en el verso siguiente da un giro y dice que Dios lo hará por nosotros. En tal caso, ¿cuál es nuestra parte?

¡Creer!

Eso es lo que quiero expresar cuando digo que la fe es el canal a través del cual recibimos las bendiciones del Señor. Y una de esas bendiciones es la santificación, la santidad, la pureza de mente y corazón, la consagración y preservación de nuestra alma.

Puesto que es el Señor quien obra todas estas cosas en y para nosotros, él quiere que la gloria sea para él y no para un conjunto de principios, métodos y fórmulas.

Es por eso que cantamos: "¡A Dios sea la gloria y, grandes cosas ha hecho el Señor!"

Los creyentes son realizadores

No se esfuercen ni se fatiguen tanto por la comida que perece y se descompone (en su uso), pero luchen y trabajen por el alimento (duradero) que perdura y lleva (continuamente) a la vida eterna; el que el Hijo del Hombre les dará (les aparejará), porque él ha sido autorizado y certificado por el Padre para hacerlo, y ha puesto su sello sobre él.

Entonces ellos dijeron: ¿Qué debemos hacer para ejecutar (permanentemente) las obras de Dios? (¿Qué es lo que Dios requiere que llevemos a cabo?).

Jesús les respondió: **Esta es la obra (el servicio) que Dios pide de ustedes: que crean en quien él ha enviado (que se adhieran, confíen, se apoyen y tengan fe en quien él envió como su mensajero)**

(Juan 6:27-29).

Yo no podría decirle cuántas veces le he dicho al Señor: "Padre, ¿qué quieres que haga? Si sólo me muestras lo que debo hacer, lo haré con gusto".

Yo era una hacedora. Si alguien me decía que algo debía hacer, yo lo hacía, y lo hacía bien. Pero cuán confusa y frustrada me sentía cuando hacía algo bien hecho y no obstante no funcionaba, o no producía los resultados esperados.

"¿Qué debemos hacer para ejecutar las obras de Dios?" Es lo que estas personas quisieron saber. Nadie les había dicho que tenían que hacer las obras de Dios; esa fue idea de ellos. Dios es suficientemente grande para hacer sus propias obras.

Así somos nosotros. Oímos acerca de los poderosos hechos de Dios y nuestra reacción inmediata es: "Señor, muéstrame qué debo hacer para realizar estos actos".

¿Cuál fue la respuesta de Jesús para estas personas? Esta es la obra que Dios pide de ustedes, que *crean*.

Cuando el Señor me mostró por primera vez este pasaje, pensé que me indicaría qué hacer para finalmente tener éxito ejecutando sus obras. Y en cierto sentido él lo hizo.

Él me dijo: "Cree".

"¿Quieres decir, sólo creer Señor?", le pregunté.

"Sí", me respondió él, "Creer".

3

Libres de razonamientos y preocupaciones

Mi paz les dejo. Les doy ahora la herencia de mí (propia) paz. La paz que yo les doy no es como la que el mundo les da (que sus corazones no se turben ni estén temerosos. Dejen de agitarse e inquietarse, y no teman, no se acobarden ni se intimiden)

(Juan 14:27).

Es obvio, se deduce de pasajes bíblicos como este, que Dios quiere que sus hijos sean libres de la esclavitud del razonamiento y de las preocupaciones.

Según el diccionario, *preocuparse* significa atormentarse uno mismo con pensamientos perturbadores e inquietantes; sentirse incómodo, ansioso o preocupado; o atormentarse con molestias, penas, cuidados o ansiedades. Generalmente esto es lo que tenemos en mente cuando hablamos de preocupaciones.

Sin embargo, existe otra definición en el diccionario, la cual vale la vena considerar. Esta no tiene nada que ver con un estado o condición mental, o emocional, sino con una actividad física. *Preocuparse* también significa agarrar por el cuello, con los dientes, y sacudir o despedazar.

Todos nosotros hemos visto como un perro o un gato agarra con su boca un animal más pequeño y lo somete a su completo dominio. Aplicándolo en el sentido espiritual, también hemos visto cómo el diablo trata de robar la paz que el Señor Jesús nos dejó, agarrándonos por el cuello, sacudiéndonos, y estropeándonos hasta someternos.

Así que la preocupación no es algo que nosotros hacemos en contra nuestra, es una acción que el diablo nos dirige con el propósito de dañarnos si se lo permitimos.

La otra palabra con la cual estamos tratando en este capítulo es *razonamiento*. Yo prefiero mi propia definición. Para mí el razonamiento es la interminable consideración mental de un asunto, o una situación, dándole vueltas una y otra vez, mientras trato de comprenderla o hallarle solución.

¿No es esta una buena descripción de lo que ocurre cuando usted y yo tenemos un problema en mente? Cuando algo nos molesta, ¿no le damos vueltas y vueltas en la mente con pensamientos, buscando algún tipo de respuesta o solución?

Aunque la preocupación es casi siempre totalmente negativa e inútil por cuanto nunca produce nada bueno, a veces el razonamiento puede *parecer* positivo y productivo. Sentimos que hemos resuelto la situación. Cierto sentimiento de paz nos llega pues creemos que hemos logrado una manera adecuada de encarar lo que nos causa molestia. Generalmente es una falsa paz que no es muy duradera porque tratamos de resolver el problema apoyándonos en nuestro propio entendimiento en lugar de descansar en el Señor.

Apóyese en el Señor, no en sí mismo

Apóyese, dependa, y confíe en el Señor con todo su corazón y con toda su mente, y no se apoye o se fíe de su propio discernimiento o comprensión.

Reconózcalo y concédale importancia en todos sus caminos, y él dirigirá sus pasos, allanará y hará rectas todas sus sendas.

No sea sabio en su propia opinión; tema y adore reverentemente al Señor, y apártese (entéramente) del mal
(Proverbios 3:5-7).

Cuando el autor de este proverbio nos dice en el verso 7 que no seamos sabios en nuestra propia opinión, quiere decir que no debemos pensar que tenemos la capacidad de solucionar todo lo que está ocurriendo en nuestra vida. No podemos encontrar todas las respuestas que necesitamos para vivir de manera victoriosa en este mundo.

Debo dmitir que durante la mayor parte de mi vida fui una "solucionadora" de problemas. Siempre estaba pensando y razonando. Para mí no era suficiente saber que Dios haría algo. También debía saber cuándo y cómo lo haría. Si el Señor hacía alguna cosa para mí que no esperaba, quería saber cómo la había hecho. Si alguien me bendecía (daba o hacía algo para mí) anónimamente, yo me desvelaba tratando de imaginar quién era tal persona.

Finalmente un día el Señor me dio una pequeña revelación sobre este asunto. Me dijo: "Joyce, tu no eres ni la mitad de lo inteligente que te crees. Piensas que has dado solución a un montón de cosas, pero en realidad las has metido en el lugar equivocado".

Al instante supe de qué estaba hablando. En mi oficina teníamos pequeños buzones o compartimentos para el correo de cada empleado. A menudo ponía un memorando en el buzón de algún empleado esperando que éste hiciera lo que en él se le solicitaba. Posteriormente, cuando descubría que tal persona no había hecho lo que se le había pedido, le preguntaba: "¿No recibió el mensaje que le puse en el buzón?" Y algunas veces descubrí que él o ella no habían recibido mi mensaje porque lo había puesto en el lugar equivocado. Dios me estaba diciendo con esa revelación que lo mismo estaba ocurriendo en otras áreas de mi vida.

El Señor utilizó ese ejemplo de mi propia experiencia para mostrarme que gastaba demasiado tiempo y energía razonando y preocupándome, tratando de solucionar todo lo que ocurría en mi vida. Me hizo comprender que a veces pensamos que lo hemos calculado todo, y seis meses o un año después, en el camino aprendemos que después de todo, las cosas no son como pensábamos.

Eso es lo que el escritor del libro de Proverbios nos dice aquí en este pasaje cuando afirma que no debemos apoyarnos en nuestro propio entendimiento, sino en el Señor, con plena confianza en él. Pero, ¿cómo podemos saber si estamos apoyándonos en nosotros o en el Señor?

En Proverbios 16: 9 leemos: *La mente del hombre planea su camino, pero el Señor dirige sus pasos y los hace seguros.* Es sabio planear nuestro trabajo y luego elaborar nuestro plan. No obstante se nos dice que es Dios y no nuestro plan el que nos da éxito. Así pues, ¿dónde está el balance aquí?

Sabemos que no realizaremos nada si no tenemos cierto plan. En Efesios 5: 17 el Apóstol Pablo nos amonesta: *Por tanto, no sean imprecisos, irreflexivos o insensatos, sino, con entendimiento, aprópiense firmemente de la voluntad del Señor.*

Sin un plan nunca finalizaremos los estudios secundarios, jamás encontraremos un empleo ni nos casaremos ni tendremos hijos ni ahorraremos dinero ni podremos comprar un auto o construir una casa ni tomar unas vacaciones o hacer las cosas que queremos en la vida. Sin un plan no estudiaríamos la Palabra de Dios, no oraríamos ni iríamos a la iglesia ni haríamos nada para crecer en nuestra relación con Dios. Así que no hay discusión en cuanto a la necesidad de un plan. El problema no está en planear, sino en razonar excesivamente y preocuparnos.

Exceso de precaución

Tengo un dicho que creo vale la pena recordar: ¡*Los excesos son el campo de recreo del diablo!*

Con frecuencia nuestro problema no es la planificación *normal*, sino la planificación *excesiva*. Cualquier cosa que salga del balance se convierte en un problema. Nos dejamos atrapar de tal forma por los detalles, que perdemos de vista la totalidad del cuadro. Llegamos a estar tan concentrados lidiando con los pequeños detalles de nuestra cotidianidad, que olvidamos vivir y disfrutar la vida.

Y eso es un exceso.

Puedo darle una guía sencilla que le ayudará a decidir cuándo se ha salido del camino de la planificación y preparación normal, y se ha extraviado por el campo del razonamiento y la preocupación. Si se siente frustrado y confundido ya ha ido demasiado lejos. Realmente fue una gran ayuda que el Señor me diera este plan para mi propia vida.

Recuerde, cada vez que sienta frustración y confusión, esto le indica que ha salido de la gracia, y que ha entrado en las obras. Cuando en su vida tiene un problema que no sabe cómo manejar, necesita más gracia, no mayores cálculos y razonamientos. Si no puede ver la solución para su problema, entonces necesita que el Señor se la revele. Mientras más razone y se preocupe, mientras más se impaciente, y tensione y le dé vueltas al asunto, menos capacitado estará para encontrar la solución.

Usted necesita escuchar al Espíritu, pero mientras más actúe en la carne disminuye la posibilidad de reconocer la respuesta de Dios para su problema. La Palabra de Dios nos exhorta a seguir la paz (Hebreos 12:14 RVR). El excesivo razonamiento no produce paz, sino confusión.

La paz de Dios

Y que la paz (la armonía del alma que proviene) de Cristo, gobierne (actúe permanentemente como juez) en sus corazones (dando respuesta a todas las inquietudes que surjan en sus mentes...)

(Colosenses 3:15).

Cuánta paz trajo a mi vida saber que no tengo que encontrar todas las soluciones. Me hace feliz poder decir que he sido rescatada del razonamiento. Y si fue posible que yo fuera rescatada de este problema, también es posible para usted, porque yo era la campeona mundial del razonamiento. Quería tener la razón para cada cosa. Pasaba toda mi vida con la mente ocupada buscando razones y soluciones.

Usted debe llegar al punto de entender que la naturaleza carnal disfruta este tipo de cosas. Por supuesto, cierto tipo de personalidades, como la mía, por ejemplo, son más inclinadas al razonamiento que otras. A los pensadores les gusta sentarse a analizar los problemas para encontrar la mejor forma de enfrentarlos. Ciertamente yo lo hice. Comenzaba el día sentada frente a una taza de café, en comunión con mis problemas. ¿Tiene comunión con sus problemas, en lugar de tenerla con el Señor? ¿Está viviendo por obras o por gracia?

La gracia versus las obras

Y si por gracia, ya no es por obras; de otra manera la gracia ya no es gracia. Y si por obras, ya no es gracia; de otra manera la obra ya no es obra

(Romanos 11:6 RVR).

Lo que el apóstol Pablo nos está diciendo en este versículo sencillamente es: La gracia y las obras son diametralmente opuestas. No pueden tener comunión, o existir alguna relación entre éstas y aquella.

Dicho de otra manera, la gracia y las obras se excluyen mutuamente. Donde existe una, no puede existir la otra.

Si usted y yo andamos por obras, entonces estamos fuera de la gracia. Si andamos por gracia, desechamos las obras. Cada vez que comenzamos a actuar por las obras, la gracia cesa de actuar a nuestro favor. Dios no tiene otra alternativa que dar la espalda y esperar hasta que acabemos con el esfuerzo de hacer las cosas por nosotros mismos.

Mientras continuemos tratando de encontrar la solución a nuestros problemas, sólo conseguiremos estar más frustrados y confusos. La razón es que estamos tratando de operar sin la gracia de Dios, y actuar así jamás producirá éxito.

La petición de oración por guía y dirección es la que recibo con más frecuencia en mi ministerio. Muchas personas sencillamente no saben qué hacer. Se frustran y confunden por las situaciones que enfrentan en su vida diaria. Necesitan ayuda y no saben dónde buscarla. Necesitan respuestas y no saben dónde encontrarlas.

Nunca olvidaré cuando el Señor comenzó a enseñarme sobre este tópico por primera vez. En ese momento realmente estaba orando y pidiéndole a Dios discernimiento. Ahora usted comprenderá que éste no sale de la cabeza, sino del corazón, del "hombre interior" que San Pablo menciona (Efesios 3:16 RVR). El discernimiento no es otra cosa que la sabiduría de Dios dada al creyente en cualquier situación de la vida. Es un "conocimiento espiritual" sobre cómo tratar con las circunstancias.

Si enfrento un problema no necesito tratar de imaginar la solución. Necesito discernimiento, escuchar la voz del Señor. Necesito la Palabra de Dios para la situación, y que él me muestre lo que debo hacer.

Mientras oraba y le pedía a Dios discernimiento, él me dijo: "Joyce, jamás tendrás discernimiento, sino desechas el razonamiento".

Observe que el Señor no me dijo: "hasta que yo te libere del razonamiento". Dijo: "hasta que deseches el razonamiento".

Si usted procura calcularlo todo en la vida llegará a la conclusión de que esto es un hábito, un mal hábito con el cual tendrá que cortar. Quizá su mente es como la mía. Tan pronto surge una situación, o un problema, salto y trato de calcular e imaginar la solución. Si es así, tendrá que cortar con esa reacción habitual.

Como ya le dije, su frustración y confusión conforman una señal segura de que se ha excedido, que está dependiendo de las obras más que de la gracia.

La confusión no viene de Dios. La Biblia dice que Dios no origina confusión, sino paz (1ª de Corintios 14:33 RVR). Tan pronto sienta frustración y confusión, tan pronto desaparezca su sentido de paz interior necesita decirse a sí mismo: "Un momento, he ido demasiado lejos". Tiene que desechar sus esfuerzos y confiarse totalmente al Señor, dejando su situación enteramente en sus manos.

Cuando se vuelve de su razonamiento a la gracia de Dios, abre un canal de fe mediante el cual él comienza a revelarle lo que necesita saber a fin de que pueda manejar adecuadamente su problema o situación en particular. Entre en el reposo de Dios, y empezará a oír sus respuestas.

Recuerde, el razonamiento y la preocupación no producen nada, sólo mayor frustración y confusión. Usted no precisa razonar y preocuparse; necesita guardar silencio y escuchar. Jamás progresará realmente en cuanto a escuchar la voz de Dios, o recibir su dirección, hasta que trate apropiadamente con su excesivo razonamiento.

¿Qué nos dice el apóstol Pablo en Romanos 11:6? Que si actuamos por obras estamos fuera de la gracia de Dios, por cuanto la gracia y las obras no tienen relación entre sí.

Previamente estudiamos Zacarías 4, capítulo en el cual se nos cuenta que los Israelitas estaban tratando de finalizar la construcción de un templo para el Señor. Los Samaritanos pidieron que les permitieran unirse a ellos en los trabajos de construcción del templo para Jehová, pero la respuesta fue: *No; ustedes no tienen parte con nosotros en este proyecto.* Esa es la actitud que usted debe tener hacia las obras, pues estas no tienen parte alguna en la gracia. Debe decir: "Obras, ustedes no tienen parte alguna en mi vida, pues yo vivo por gracia".

Como los Israelitas estaban afligidos y frustrados por una montaña de obstáculos humanos, el Señor les dio una palabra de instrucción sobre cómo quitar la montaña de su camino. Les dijo: *No con ejército, ni con fuerza, sino con mi Espíritu* (Zacarías 4:6). Y posteriormente les dijo: *Proclamen ¡Gracia, gracia!* a la montaña (Zacarías 4:7).

Usted y yo no tenemos que demoler la montaña con un martillo. Debemos gritarle: "¡Gracia, Gracia!"

Donde las obras fallan y fracasan, la gracia siempre triunfa.

Una palabra del Señor

Hace algún tiempo, precisamente antes de una reunión en la cual enseñaba sobre este tópico, alguien le dio a mi esposo una palabra escrita del Señor, y le pidió que me la entregara. Estoy segura que esa persona no tenía ni la menor idea de qué enfoque daría a la reunión, pero ciertamente su mensaje fue acorde con la misma. También coincidía con una profecía que el Señor me había dado previamente, la cual le compartiré luego en este capítulo.

Ambos mensajes tienen la unción divina, así que le recomiendo de manera especial leerlos con sumo cuidado a fin de discernir y digerir lo que el Señor nos está enseñando con estas palabras. El primero comienza así:

La montaña yo quiero que enfrentes;

de tal modo que puedas mirar,

que cuando ella ya sea removida,

sólo yo en su lugar he de estar.

El Señor siempre está allí. Pero a veces la montaña parece más grande que él. Por eso es que lo animo a hablarle a su montaña, pero manteniendo sus ojos en el Señor.

¿Qué quiere decir el Señor cuando afirma que desea que enfrentemos la montaña? Que no debemos temer o ser intimidados por el tamaño del obstáculo que enfrentamos en la vida.

Usted y yo necesitamos crecer hasta el punto de que no temamos al enemigo y sus obras. No tema al diablo por los problemas que le causa. Sepa que mediante el poder del Espíritu Santo puede enfrentar y remover de su camino cualquier tipo de montaña.

Siempre tratamos de evitar los obstáculos. Constantemente huimos de las cosas que se nos oponen. Cuando lo hacemos, en realidad huimos del enemigo porque es él quien pone esos obstáculos precisamente con el propósito de causarnos temor y forzar nuestra rendición.

Por esa razón es que en Efesios 6:11-17 se nos exhorta a vestirnos de toda la armadura de Dios, a tomar el escudo de la fe y la espada del Espíritu, es decir, la Palabra de Dios con la cual podemos resistir al enemigo que nos ataca. Pero, ¿ha notado que no habla en ninguna parte de la armadura para cubrir nuestra espalda? ¿Sabe por qué? Porque el Señor no cree que la necesitemos. Él jamás espera que demos la espalda y huyamos.

No se espera que usted y yo demos la vuelta y huyamos del enemigo. Todo lo contrario, debemos ...*fortalecernos en el Señor y en el poder de su fuerza* (Efesios 6:10 RVR). Se espera que sepamos y creamos que *mayor es el que está en nosotros, que el que está en el mundo* (1ª de Juan 4:4 RVR).

Sin embargo, debo admitir que a veces, cuando no sabemos que hacer, la tentación es a darnos por vencidos y a huir. Cuando el problema parece superior a nuestras fuerzas, el paso más fácil de dar es sencillamente levantar las manos y desistir, esperando que todo termine. Necesitamos ser y estar fuertes espiritualmente. *El espíritu fuerte de un hombre lo sostiene en medio del dolor y de la aflicción...* (Proverbios 18:14). Quizá no sepamos cuál es la respuesta a nuestro problema, pero conocemos a Aquél que la tiene.

Debemos recordar que la mayoría de veces nuestros amigos no tienen la respuesta que necesitamos. Con demasiada frecuencia las personas van unas a otras buscando respuestas y soluciones, en lugar de ir al Señor. Cuando usted tiene un problema, ¿corre al teléfono o al trono de Dios? Dios tiene una respuesta y una solución específica para cada situación que usted y yo enfrentamos en esta vida. Lo que debemos hacer es aprender a acudir a él para recibir la sabiduría que necesitamos. Él ha prometido que nos la dará (Santiago 1:5). Pero no si confiamos en las obras (Santiago 1:6-7).

Tanto el razonamiento como la preocupación, son obras.

¿Sabe por qué siempre procuramos calcularlo y solucionarlo todo? Porque queremos tener el control. Tenemos un casi insaciable deseo de *saber*. Pero en realidad lo que necesitamos es *creer*.

¿Recuerda la respuesta de Jesús a quienes le preguntaron qué debían hacer para poner en práctica las obras de Dios? Les dijo: *Esta es la obra de Dios, que creáis en el que él ha enviado* (Juan 6:29).

Para algunos de nosotros es difícil sólo creer porque somos "adictos" a las obras. Adictos a razonar y a preocuparnos. El excesivo razonamiento y la preocupación conforman hábitos con los cuales tenemos que romper, con la ayuda de Dios. Cada vez que nos sorprendamos a nosotros mismos comprometidos en estas actividades, recordemos que debemos poner nuestra fe en Dios y no en las obras. Debemos recordar que si razonamos y nos preocupamos no recibimos la gracia de Dios. Y si no estamos recibiendo su gracia estamos desobedeciéndole, lo cual nos lleva a las dos últimas partes de esa palabra del Señor ya mencionada.

Obediencia a Dios

Solo yo moveré la montaña,
　　y arrojarla solo puedo yo.
Solo yo soluciono el problema
　　que tú enfrentas el día de hoy.

Tu parte es sólo creer,
　　y atento mi voz oír.
Y al escuchar mi mandato,
　　sólo obediencia elegir.

Esto no significa que no haya nada que debamos hacer. Significa sencillamente que nuestra primera tarea es creer. Luego, cuando Dios nos habla y nos dice lo que debemos hacer, continuar con ese espíritu de obediencia y fe, simplemente haciendo lo que Dios ha dicho que hagamos.

Déjele el resultado al Señor

No nos preocupamos por los resultados; hacemos justamente lo que Dios dice, y le dejamos a él el resultado, confiados en que, cuando lleguemos a la línea final, todo saldrá bien, tal como él lo promete:

> Yo no lo haré muy difícil,
>> porque la victoria mía es ya.
> Te llenaré con mi Espíritu,
>> y con mi gracia brillarás.
> No cuando seas perfecto,
>> como piensas que debes ser;
> cuando tu corazón este dispuesto,
>> y como yo quieras ser.

Gracia es permitirle a Dios obrar

Recuerde que esta palabra me fue dada antes de compartir el mensaje de este libro en esa reunión. Mire de nuevo la totalidad de esta palabra del Señor, y permita que ella lo bendiga. Ahora quiero compartirle una profecía que el Señor me dio hace algunos años:

"Muy pocos de mis hijos confían o dependen realmente de mí. Tengo montañas, interminables montañas de gracia almacenada que jamás he tocado porque encuentro que muy pocos abren sus corazones mediante la fe para recibirla. ¿Quieres tú, realmente, conocer lo que ella es? Bueno, escucha y te daré una definición nueva y diferente de la gracia de Dios. Gracia es que me permitas, por medio de ti, hacer lo que quiero en esta tierra".

La gracia no es que nosotros hagamos algo. Es permitirle a Dios que obre a través de nosotros. La gracia requiere que estemos absolutamente quietos y silenciosos mentalmente, confiando en el Señor en lugar de razonar o preocuparnos.

¿Quiere tener perfecta paz mental? Puede recibirla si realmente cree en la gracia de Dios.

Como hemos visto, la gracia es mucho más que un favor inmerecido; es el poder de Dios que alcanza a una persona que no lo merece.

La gracia es Dios mismo haciéndonos un favor, llegando con su poder y su fuerza para realizar en y a través de nosotros lo que no merecemos. Y todo lo que podemos hacer es practicar la gratitud dándole gracias. En realidad yo no creo que podamos practicar la gratitud siendo agradecidos, hasta cuando comprendamos plenamente la gracia de Dios. Una vez que asimilamos el hecho de que *toda* cosa buena nos llega por la bondad de Dios, ¿qué otra alternativa nos queda diferente a la gratitud y la acción de gracias?

Es difícil darle crédito a Dios cuando pensamos que merecemos lo que recibimos de él. Es difícil no dar el crédito a Dios cuando sabemos que no merecemos nada de lo que recibimos de él. Es Difícil también inquietarnos sabiendo que es por gracia y no por la preocupación que todas nuestras necesidades son satisfechas.

La gracia versus la preocupación.

¿Sabe por qué la gracia nos mantiene alejados de las preocupaciones? Porque la preocupación se ocupa del pasado, mientras que la gracia (el favor inmerecido) del presente y del futuro.

La mayor parte del tiempo nos preocupamos por todas las cosas que nos ocurrieron en el pasado, las cuales ya no podemos cambiar. Nos preocupamos por nuestros errores y fracasos, los cuales, pensamos, hicieron que las cosas sean hoy como son, y que destruyen cualquier oportunidad para nuestro futuro.

Pensamos en todas las tonterías incorrectas que hemos dicho y hecho y anhelamos: "Oh, cómo desearía no haber dicho o hecho, tal cosa". Aquí es donde entra en juego la gracia. Debemos aprender a confiar en la gracia de Dios para que corrija los errores pasados y cambie el destino futuro.

Dios dice que tiene montañas de gracia almacenada. Pero, ¿qué hacemos nosotros? Trabajamos y nos esforzamos, luchamos y nos afligimos, calculamos y razonamos. Por cuanto no sabemos qué hacer con nuestro pasado, nos inquieta el presente y le tememos al futuro. En lugar de creer que cuando el mañana llegue tendremos las respuestas que necesitamos, le damos cabida al razonamiento y a la preocupación, y procuramos calcular y saber qué hacer hoy para redimir el pasado y salvar el futuro.

En lugar de preocuparnos por el ayer y el mañana, reposemos hoy confiando en que el Señor cuida nuestro pasado, nuestro presente y nuestro futuro.

El plan de Dios trae consigo la gracia de Dios

Porque somos obra de la (propia) mano de Dios, recreados (renacidos) en Cristo Jesús para hacer las buenas obras, las cuales Dios predestinó (planeó por anticipado) para que nosotros (siguiendo las sendas que preparó de antemano) andemos en ellas (viviendo la vida que él preparó para nosotros)

(Efesios 2:10).

Es muy difícil que disfrutemos la vida si no tenemos seguridad para el día de hoy, paz acerca del ayer, y confianza en el mañana. ¿Por qué? Porque mientras vivamos enfrentaremos situaciones para las cuales no tenemos todas las respuestas.

Alguien podriá decir: "Oh, pero si tenemos suficiente fe, ¿no podríamos llegar al punto donde eso no sea cierto?"

No. Siempre, estará ocurriendo algo en nuestra vida que no sabemos cómo manejar. De otra manera no necesitaríamos fe, ni sería necesario confiar en Dios. El Señor cuidará que siempre seamos dependientes de él. ¿Sabe cómo lo hará? Guiándonos a través de situaciones que están más allá de nuestra capacidad. Por eso es que aunque nosotros nos preocupamos, él jamás se preocupa. ¿Por qué no lo hace? Porque él ya sabe lo que hará. Él tiene un plan, un trabajo, y un camino listo para nosotros.

Pero aunque el Señor ya tiene un plan que nosotros debemos seguir, un camino por el cual caminar y un trabajo para hacer, hoy no nos dará todas las respuestas que necesitaremos mañana. Con cada nuevo día viene la gracia que necesitamos para vivirlo, y para enfrentar los retos que trae.

Quizá ha oído la historia del joven que estaba en prisión y a punto de ser quemado en la estaca al día siguiente por causa de su fe en Cristo. En la misma celda había estado un creyente más viejo y con mayor experiencia quien conocía un poco más sobre el camino del Señor. Cuando comenzó a oscurecer el joven prendió un fósforo para encender la luz, y mientras lo hacía se quemó uno de sus dedos. Dejando escapar un grito de dolor le dijo a su compañero: "¿Cómo soportaré ser quemado mañana en la estaca, si ni siquiera puedo soportar que uno de mis dedos sea quemado esta noche?"

Con calma el anciano replicó: "Hijo, Dios no te pidió que te quemaras el dedo, por lo tanto no hay gracia para ello. Pero él te está pidiendo que mueras por tu fe, así que cuando llegue el momento la gracia también llegará".

No importa lo que ocurra, Dios aún tiene él control. Él tiene un plan para manejar todo lo que enfrentemos en esta vida, y su gracia es suficiente para satisfacer todas nuestras necesidades (2da. de Corintios 12:9 RVR).

Dios no desperdicia la gracia

Acerquémonos, pues, confiadamente al trono de la gracia (el trono del inmerecido favor de Dios para nosotros los pecadores) para recibir misericordia (por nuestras culpas y fracasos), y hallar gracia y ayuda en el tiempo oportuno para toda necesidad (ayuda apropiada y oportuna, justo cuando la necesitamos)

(Hebreos 4:16)

Uno de los aspectos acerca de la gracia divina, de difícil comprensión, es que si bien él tiene montañas de ella, no la desperdicia.

Dios no derramará su gracia sobre nosotros con una semana de anticipación para que podamos nadar en ella. ¿Sabe por qué? Porque la gracia es poder, y Dios no descuida su divino poder que obra maravillas.

No hay ninguna razón para que el Señor nos dé hoy lo que necesitaremos mañana, pues sería sólo para que nos sintamos cómodos y podamos decir: "No hay problema". Obtenemos la gracia de Dios, su poder, cuando la necesitamos, no antes. Por eso nos es necesario tener fe y buscar a Dios continuamente. Esto nos previene de sentirnos tan seguros en nuestro ego que lleguemos a pensar que no necesitamos a Dios. Todo lo contrario, sabemos que debemos mantener el canal de nuestra fe siempre abierto a fin de recibir la gracia de Dios para que nos ayude en tiempo de necesidad.

Una de las mejores cosas que nos puede ocurrir es cuando finalmente adquirimos suficiente experiencia en la vida cristiana, y suficiente conocimiento de nosotros mismos, que cesamos de tener confianza en nuestra fortaleza y capacidad. Y llegar a tal estado toma tiempo.

Otro punto interesante acerca de la gracia, además de que Dios no la desperdicia, es que puede ser incrementada o disminuida de acuerdo a la necesidad.

A veces surgen en nuestra vida retos especiales, desafíos que están fuera del patrón ordinario de nuestra rutina diaria, los cuales producen una cantidad no usual de presión y estrés. En tales casos a menudo descubrimos que tenemos una extraordinaria capacidad para sobrellevar esas circunstancias de prueba. En efecto, hay ocasiones cuando se van desarrollando situaciones comprometedoras, pero a pesar de todo, debido a la gracia de Dios en nosotros, realmente no nos importan.

Estas cosas ocurren porque la gracia de Dios tiene la capacidad de aumentar o disminuir para ajustarse a nuestra necesidad en particular.

Quizá en este preciso momento se encuentre desesperadamente necesitado de la gracia de Dios en mayor medida. Si es así, acuda al Señor pues él proveerá toda la gracia necesaria que lo llevará a través de ese reto hasta la victoria final. Aunque Dios no la desperdicia, siempre está listo a derramarla junto con todo el poder que nos sea necesario para llevarnos a través de los tiempos más difíciles.

La gracia y una mala actitud

Existen varias cosas que pueden impedirnos recibir la gracia de Dios. Como hemos visto, una de ellas es la ignorancia, no tener suficiente conocimiento para invocar al Señor, o para pedirla en tiempo de necesidad. Otra es tener una mala actitud.

La queja y la gracia no se mezclan.

El error que muchas veces cometemos es que armamos un alboroto de la noche a la mañana, y al mismo tiempo tratamos de activar el poder de Dios en nuestra vida para que nos ayude a resolver un problema.

La razón por la cual, en muchas ocasiones, no podemos obtener algo de la gracia de Dios es sencillamente porque nuestra actitud está totalmente equivocada. No podemos esperar que él intervenga a nuestro favor en una situación, si constantemente estamos refunfuñando, encontrando faltas en los demás, y si tenemos celos y envidia. ¿Cómo lo sé? Porque esa es la manera como yo solía actuar. Tuve que aprender de manera forzosa que las cosas no funcionan así.

Tampoco hay manera de recibir la gracia de Dios mientras estemos buscando la simpatía de los demás o tolerando la autocompasión. Dios sanará nuestras heridas si no buscamos que los demás las consientan.

Con frecuencia queremos que el poder de Dios venga y nos resuelva un problema, pero al mismo tiempo queremos la simpatía de todos nuestros amigos.

Si por ejemplo cuando tenemos problemas financieros, vamos a nuestro lugar de oración y clamamos: "Oh Padre, por favor ayúdame. Estoy hundido económicamente y necesito desesperadamente tu ayuda. Confío en tu ayuda porque sin ella no tengo esperanza. ¡Señor, tú eres el único que puede salvarme!"

Pero luego, tan pronto termina nuestra oración, vamos a almorzar con los compañeros de labores y gastamos toda la hora hablándoles acerca de lo sobrecargados de trabajo y lo mal pagados que estamos, y los privilegios y el aprecio de los que carecemos. Queremos que Dios nos ayude, pero deseamos que todo el mundo nos compadezca. No es incorrecto que comparta sus cargas de una manera discreta, balanceada y con motivos correctos. Pero cuídese de buscar la compasión.

Dios jamás nos lleva a donde no pueda cuidarnos. Su gracia siempre es suficiente para todas y cada una de las circunstancias de nuestra vida. No hay caso en quejarnos, armar el conflicto, obtener el dinero de mala manera, preocuparnos y andar constantemente imaginando cosas, agitados, frustrados y confundidos. Si actuamos así demostramos que después de todo no tenemos fe en la gracia perdurable de Dios.

Si queremos recibir esa gracia, debemos aprender a depender totalmente de él, y no de la simpatía de los demás o de nuestra propia compasión.

No nosotros, sino Dios

Ahora consideremos el resto de la profecía que el Señor me dio hace algún tiempo:

"Gracia es que me permitas hacer lo que quiero en esta tierra a través de ti. Esto requiere que estés absolutamente quieta e inamovible en tu decisión de confiar y esperar en mí para lograr los resultados deseados. Las ideas, las esperanzas y los sueños que hay en tu interior no son tuyos. Se originaron en mí y han sido alimentados por mi Espíritu que está dentro de ti. No es tu tarea o responsabilidad hacerlos realidad; tu parte es ser un recipiente, o un canal de mi gracia. Ninguno de ustedes puede hacer que ocurra algo lo suficientemente sólido como para resistir y permanecer bajo la presión".

Una palabra especial

Por favor preste especial atención a esta parte de la profecía:

"Esta es la razón por la cual tu experimentas muchos altibajos. Estás procurando permanecer firme en la inconsistencia de la carne, y no en la solidez de la roca".

La carne es débil. No se puede confiar ni depender de ella. La carne puede decir: "Oh, sí. Siempre estaré contigo", y luego se va a dormir a la hora más inoportuna como lo hicieron los discípulos en el jardín de Getsemaní cuando Jesús les pidió que velarán con él durante una hora (Mateo 26:36-40).

¿Está usted parado en la inconsistencia de la carne o en la solidez de la roca?

No por obras, sino por gracia

"Tú lo haces bastante bien hasta que la tormenta llega y golpea; luego das media vuelta y regresas al punto de partida. Necesitas desalojar de ti los esfuerzos humanos, los cuidados de la vida diaria y las frustraciones de la carne. Pero ya ves, aun esto tiene que hacerlo mi gracia. El esfuerzo no puede erradicar el esfuerzo, la frustración no puede echar fuera la frustración, y los cuidados y la preocupación no se pueden eliminar a sí mismos".

Si usted es como yo, una vez que asimile este mensaje sobre el razonamiento y los esfuerzos para dar solución a los problemas, inmediatamente tratará de razonarlo. Se preocupará por el hecho de que le ha sido revelado que todo el tiempo anda preocupado. Y tratará de razonar por qué razona demasiado.

Por eso esta palabra del Señor es tan exacta, tan actual y pertinente. Porque en ella nos dice que no podemos erradicar el esfuerzo con los esfuerzos, la frustración no puede expulsar la frustración, o eliminar la preocupación con más preocupación. No hay manera de escapar de la dependencia de nuestras *obras* a no ser mediante la *gracia*.

Gracia..., más gracia

"Pero la gracia te puede liberar de cualquier obstáculo. Y encontrarás que cuando ella comience a fluir generará más y más gracia de manera super abundante, y llegarás a ser un canal a través del cual fluya esta mi gracia".

Una vez que aprendemos a recibirla el resultado será plenitud de la gracia de Dios todo el tiempo de nuestra vida. ¿Sabe por qué? Porque cuando el pecado abunda, sobreabunda la gracia (Romanos 5:20 RVR).

No existe un problema demasiado grande para la gracia de Dios. Si nuestro problema aumenta, la gracia de Dios se acrecienta también. Si nuestros problemas se multiplican de tal manera que no tenemos solo uno, sino dos, tres, o más, la gracia también se multiplica para que estemos en capacidad de manejarlos. No requiere más fe confiar en Dios para la solución de tres o dos problemas, que para uno solo. El Señor es suficientemente grande para encarar y manejar cualquier problema o situación que enfrentemos. *Lo que es imposible para los hombres, es posible para Dios* (Lucas 18:27).

Todo lo podemos en Cristo que nos fortalece (Filipenses 4:13). Créame, si hay algo que debemos hacer, el Señor nos dará la capacidad de hacerlo. No existe la posibilidad de que él nos lleve a alguna situación y luego nos deje allí para enfrentarla solos con nuestro propio y débil poder humano (Isaías 41:10).

Un eterno flujo de poder

"Siempre habrá un eterno flujo de poder, es decir, la gracia, la cual fluirá a través de ti. El resultado será que mis deseos, ideas, sueños y esperanzas nacerán en ti sin costo alguno, sin que medie ningún esfuerzo de tu parte. Yo seré glorificado en esta tierra y tú tendrás el honor y el privilegio de compartir y de ser un coheredero de mi gloria. Mi gracia está disponible". *Venid a mí todos los que estáis trabajados y cargados, y yo os haré descansar* (Mateo 11:28 RVR).

El que tiene oído oiga lo que el Espíritu dice a las iglesias (Apocalipsis 3:6,13 RVR). Le recomiendo que lea otra vez la profecía y se pregunte: "¿Estoy recibiendo la gracia de Dios disponible para mí?"

Un pequeño conocimiento es algo peligroso

Pues me propuse no saber entre vosotros cosa alguna sino a Jesucristo, y a este crucificado
(1ª de Corintios 2:2 RVR).

Este es un glorioso pasaje escritural.

Usted y yo procuramos saberlo y conocerlo todo, pero aquí San Pablo nos dice que él hizo todo lo contrario.

A diferencia de nosotros, quienes nos preocupamos por todas las cosas que no sabemos, Pablo estaba procurando desprenderse de algunas cosas que sí sabía. ¿Por qué lo hacía? Porque había descubierto que, tal como lo enseña la Biblia, algunas veces el conocimiento puede ser gravoso (Eclesiastés 12:12). Descubrió también que el conocimiento puede producir orgullo: *...el conocimiento (solo) hace a la gente engreída (que actúe con vanidad y orgullo)...* (1ª de Corintios 8: 1).

A veces, mientras más conocimiento acumulamos, mayores problemas creamos. A menudo maquinamos, proyectamos y hasta engañamos para descubrir cosas que sería mejor dejar tal como están. ¿Alguna vez hizo lo anterior para averiguar lo que ocurría y después de saberlo sintió que hubiera sido mejor haberse mantenido al margen? Por eso Pablo dijo que había tomado la determinación de conocer solo a Cristo, y a éste crucificado.

Pablo se refiere aquí al hecho de que el hombre natural no comprende las cosas espirituales: *Pero el hombre natural no percibe las cosas que son del Espíritu de Dios, porque para él son locura, y no las puede entender, porque se han de discernir espiritualmente* (1ª de Corintios 2:14 RVR):

En mi propia vida, las impresiones que Dios hace en mi corazón no siempre tienen sentido para mi mente. El Señor me ha revelado que se debe a que mi mente no siempre entiende mi espíritu. A veces mientras más conocimiento creo tener, mayor es la dificultad para seguir a Dios.

La mente carnal versus la mente espiritual

Ahora la mente carnal (los sentidos y la razón sin el Espíritu Santo) es muerte (comprende todas las miserias que surgen del pecado, tanto ahora como en el futuro). Pero la mente del Espíritu (Santo) es vida (alma) y paz (ahora y siempre)

(Romanos 8:6).

De acuerdo con este versículo, no es una sola mente, son dos. La mente carnal y la mente espiritual.

Eso no quiere decir que usted y yo tenemos dos cerebros. Significa sencillamente que recibimos información de dos fuentes diferentes. De nuestra mente natural (la cual opera sin el Espíritu Santo) y de nuestro espíritu, (por medio del cual el Espíritu de Dios se comunica directamente con nosotros).

Tenemos la mente de Cristo

Porque, ¿quién ha conocido o comprendido la mente (los consejos y propósitos) del Señor como para guiarlo, instruirlo e impartirle conocimiento? Pero nosotros tenemos la mente de Cristo (el Mesías) y retenemos los pensamientos (sentimientos y propósitos) de su corazón

(2ª de Corintios 2:16).

No hace mucho tiempo alguien me preguntó: "¿Cuál es el pensamiento espontáneo que surge de su mente? O sea, ¿qué piensa usted realmente?" Para ser honesta con usted, esa es nuestra manera de vivir durante la mayor parte del tiempo: actuar según lo que surge en nuestra mente de momento. Pero la Biblia dice que no debemos ser guiados por nuestra mente carnal, sino por el Espíritu Santo que habita en nosotros (Romanos 8:14 y Gálatas 5:18). El Espíritu Santo puede iluminar nuestras mentes. Cuando entramos en lo que la versión de *La Biblia Amplificada* llama "percibir y razonar sin el Espíritu Santo", entonces estamos pisando terreno peligroso. El Espíritu Santo es el único que conoce la mente de Dios.

Este pasaje de las Escrituras dice que por cuanto el Espíritu Santo vive en nosotros, usted y yo tenemos la mente de Cristo. El problema es que si bien tenemos y conocemos la Palabra de Dios, no escuchamos a nuestro espíritu cuando es iluminado por el Espíritu Santo. En lugar de esto, escuchamos nuestra mente natural, la cual descansa estrictamente en la percepción de los sentidos y la razón, sin el Espíritu Santo.

En cada situación de la vida, nuestra mente procura darnos información. Nos grita y habla tan fuerte que si no enfocamos nuestra atención en nuestro espíritu, jamás oiremos lo que el Señor nos dice para esa situación en particular. Es por eso que debemos aprender a vivir bajo la dirección del Espíritu, y no según lo que nos dicta la mente.

Según el Espíritu y no según nuestra mente

Una mañana temprano, al salir de mi cama, de inmediato la preocupación saltó dentro de mi mente. Hoy ya ni recuerdo que era lo que me ocurría, pero en el momento, haya sido lo que haya sido, fue perturbador y desconcertante para mí. Esa es la forma como el diablo actúa. Le gusta atacarnos en nuestro momento de mayor debilidad, por ejemplo cuando despertamos y aún estamos soñolientos.

Esto ilustra un principio muy importante: *Satanás nunca ataca los puntos fuertes; siempre ataca los puntos débiles.*

Cuando mi mente comenzó a darle vueltas al pensamiento que el diablo había fijado en mi consciente, el Señor me habló, diciendo: "Joyce, vive por el Espíritu; no vivas por lo que te dicta la mente". Fue un consejo tan práctico que jamás lo he olvidado.

Usted sabe, los espíritus malignos constantemente nos bombardean con pensamientos negativos. Si los recibimos y les permitimos permanecer en nosotros llegan a ser nuestros, pues la Biblia dice que como pensamos en el corazón, así somos (Proverbios 23:7 RVR). Si aceptamos las mentiras del diablo como una realidad, entonces, éstas se convertirán en una realidad para nosotros por causa de nuestra "fe" o confianza en ellas.

Por lo tanto, cuando el Señor me habló de vivir en el Espíritu y no según los dictados de mi mente, yo sencillamente oré: "Padre, ¿qué tienes que decir en esta situación?

Mediante una impresión en mi ser interior (como generalmente él nos habla) supe inmediatamente lo que me decía respecto a esta situación:

"Joyce: tú sabes que no tienes que preocuparte por eso. ¿Cuántas veces hemos pasado por eso antes? Todo saldrá bien".

"Tienes razón, Señor", le respondí. Entonces me ocupé de mis negocios y no le concedí al asunto ni un pensamiento más durante todo el día. Pero si hubiera permanecido en ese estado mental, la situación hubiese ido de mal en peor.

Por eso es que en momentos de preocupación, estrés y agitación, sencillamente debemos volvernos a nuestro ser interior preguntando: "Señor, ¿qué tienes que decir acerca de este asunto?" Si escuchamos con fe, él hablará para revelarnos la verdad acerca del mismo.

Hace algún tiempo escuché un buen informe de alguien, y de repente llegué a estar intensamente celosa. Comparto esta historia con usted porque deseo hacerle saber que no importa cuán espirituales lleguemos a ser, siempre estaremos sujetos a este tipo de ataques.

De inmediato me recordé a mí misma: "Esta no soy yo. Ese pensamiento no es mío y no lo voy a recibir". Como estaba en la cancha de golf paré el juego por un momento para prestarle atención a mi ser interior. Oré y le entregué ese sentimiento de celos al Señor. Cuando acudí a él, me aseguró que yo no necesitaba estar celosa de nadie. Me hizo saber que tiene un gran plan para mi vida también, tal como lo tiene para la persona de quien había escuchado el informe. En pocos minutos mis celos desaparecieron. Si los hubiera alojado en mi mente, si los hubiera cuidado y alimentado, habrían crecido más y más hasta causarme toda clase de problemas.

Usted y yo tenemos dos inmensos depósitos de información dentro de nosotros. Uno es nuestra mente de la cual surge la información carnal. El otro es nuestro espíritu del cual fluye la información espiritual. Una es agua sucia y contaminada. La otra es agua limpia y potable.

Queda a nuestro criterio y discreción decidir de cuál fuente vamos a tomar.

Algunas personas pretenden beber de ambas fuentes. Eso es lo que la Biblia llama ser de doble ánimo (Santiago 1:8 RVR). ¿Sábe usted lo que significa ser de doble ánimo? Quiere decir que su mente está tratando de decirle una cosa y su espíritu lo opuesto. En lugar de decir: "No voy a creer eso porque es una mentira", usted se ubica en medio de un fuego cruzado, mientras va y viene vacilante entre dos pensamientos.

Si usted y yo hemos de vivir alguna vez la vida cristiana que el Señor desea para nosotros, una vida exitosa, feliz y victoriosa, tenemos que decidir de cuál fuente de información beberemos. Debemos aprender a vivir por el Espíritu y no según los dictados de nuestra mente.

4

Favor sobrenatural

Cuando leemos la Biblia desde el Antiguo hasta el Nuevo Testamento, encontramos que varias personas fueron favorecidas. Miremos algunas de ellas como ejemplos para nosotros en el día de hoy:

José

Y el amo de José lo tomó y lo puso en la prisión, el lugar donde los prisioneros del estado eran confinados; estuvo, pues, en la prisión.

Pero el Señor estaba con José, y le mostró misericordia y benevolencia, y le otorgó favor (gracia) ante el jefe de la prisión.

Y el jefe de la cárcel entregó al cuidado de José todos los prisioneros que estaban en la cárcel; y todo lo que allí se hacía estaba bajo su control.

El jefe de la prisión no se preocupaba por nada de lo que José tenía a su cargo, porque el Señor estaba con él y prosperaba todo lo que José hacía

(Génesis 39:20-23).

Aunque José estaba siendo castigado injustamente por cuanto fue encarcelado por algo que no hizo, el Señor estaba con él y lo cuidaba. Una persona no está realmente en tan mala situación, aunque termine en prisión, si Dios le otorga su favor y lo encarga de todo lo que allí se hace.

La lección que el Señor quiere enseñarnos de este ejemplo, y de otros que estaremos mirando, es que a pesar de lo que nos ocurra en la vida, podemos tener favor ante él y las personas (Lucas 2:52).

El favor está disponible para nosotros como hijos de Dios. Pero así como ocurre con muchas cosas buenas de la vida, el hecho de que estén disponibles para nosotros no significa que siempre participemos de ellas. El Señor pone a nuestra disposición muchas cosas que nunca recibimos ni disfrutamos porque no activamos nuestra fe en esa área.

Por ejemplo, si vamos a una entrevista para solicitar empleo, confesando temor y fracaso, casi podemos estar seguros de que no obtendremos el trabajo. De otro lado, aun si solicitamos un empleo para el cual sabemos que no estamos plenamente capacitados, podemos ir confiados creyendo que Dios nos otorgará su favor en tal situación.

Hace muchos años, cuando Dave y yo nos casamos, decidimos que yo necesitaba volver a trabajar por algún tiempo. Así que solicité un empleo y fui contratada. Fui rápidamente ascendida de una posición a otra hasta que terminé siendo la segunda persona en autoridad dentro de la empresa. Aunque no tenía ni la educación ni la experiencia para tal posición, el Señor me puso allí como resultado de su favor sobre mí.

Dios quiere otorgarle su favor tal como lo hizo con José, pero para recibirlo debe hacer lo que José hizo, y creer que lo recibirá. José mantuvo una buena actitud en una mala situación. Él tuvo una "actitud de fe", y Dios le otorgó su favor. Cuando el favor de Dios está sobre su vida, usted le cae bien, le gusta o le simpatiza a la gente sin que haya una razón en particular, y la gente querrá ayudarlo.

Ester

Cuando le llegó a Ester, hija de Abihail tío de Mardoqueo, quien la había adoptado como hija, el turno para presentarse ante el rey, ella no requirió nada fuera de lo que sugirió Hegai, asistente del rey y guarda de las mujeres. Y Ester ganaba el favor de todos los que la veían.

Así que Ester fue llevada al Rey Asuero, a su palacio real, en el mes de Tebet, en el año séptimo de su reinado.

Y el rey amó a Ester más que a todas las mujeres, y ella obtuvo gracia y favor más que todas las demás vírgenes, por lo tanto puso la corona real en su cabeza y la hizo reina en lugar de Vasti

(Ester 2:15-17).

¿Sabe usted que un pasaje de la Biblia dice que Dios abate a una persona y enaltece a otra? (1º de Samuel 2:7). En este caso él levantó a Ester de la oscuridad para convertirla en la reina de toda la tierra. Dios le otorgó su favor con todas las personas que conoció incluyendo al rey porque ella hallo gracia ante él.

Recordamos que más adelante, en la historia Ester, utilizó este favor para salvar su vida y la de su pueblo Judío, evitando ser asesinados por el perverso Amán quien pretendía destruirlos. Ella no tuvo temor de ir al rey y pedirle que interviniera a su favor, y a favor de su pueblo, aun cuando hacerlo podía costarle su propia vida, porque sabía que tenía el favor de Dios sobre sí.

Si usted se encuentra en una situación de hostigamiento, perseguido o discriminado; si alguien está tratando de quitarle algo que legalmente le pertenece, como su empleo, su hogar, su reputación, o cualquier otra cosa, no trate de vengarse buscando el favor natural. En cambio busque y confíe en Dios para que le otorgue su favor sobrenatural, porque a pesar de lo desesperadas que puedan parecer las cosas desde la perspectiva humana, Dios puede abatir y enaltecer.

Cada día, cuando va a su trabajo, usted debe decir: "Creo que seré favorecido en este lugar en el día de hoy. Creo que la luz del Señor brilla sobre mí y que seré favorecido por todo el mundo. Ante Dios y los hombres".

No vaya por la vida temeroso de que a nadie le agrada. No acoja el temor al rechazo. En cambio, crea que Dios hace que le agrade a todas las personas con quienes usted entra en contacto, que desean estar a su lado, y que lo miran con simpatía.

Favor natural versus favor sobrenatural

Hace casi 20 años, cuando comencé mi ministerio, yo estaba asustada. Tenía temor de ser rechazada. En esos días, que una mujer hiciera lo que yo hacía, era menos popular de lo que es en la actualidad cuando las mujeres predicadoras son aceptadas con mayor amplitud.

Sabía que había personas, especialmente personas nuevas, que venían a mis reuniones con la actitud de un juez. Sabía también que estaban pesando y analizando todo lo que veían y oían. Así que me inhibía al hablar, me comportaba como pensaba que ellos esperaban que lo hiciera, y adoptaba una actitud muy preventiba y cautelosa en todo cuanto hacía y decía porque quería agradarle a todo el mundo, y que todos me aceptaran.

Eso no es normal. Y no dará resultado. Tratar de obtener favor por su propio esfuerzo no solamente es una dura tarea; a menudo también es inútil. Generalmente entre más se esfuerza por agradar a alguien, más se equivoca, y menos atraída se siente la gente hacia usted.

El problema consistía en que yo estaba procurando ganar el favor natural. Esto era todo lo que yo sabía hacer. Hasta hace unos 10 años no sabía nada acerca del favor sobrenatural. No sabía que hace parte de la gracia. En efecto, en el Nuevo Testamento Inglés, las palabras *gracia* y *favor* son traducidas de la misma palabra griega *charis*. Pues bien, la gracia de Dios es el favor de Dios. Y el favor de Dios es su gracia, la cual hace que, a través del canal de nuestra fe, ocurran en nuestra vida las cosas que deben ocurrir. Es el poder de Dios que llega a través de nuestra fe para hacer lo que no podemos hacer por cuenta nuestra.

El favor, como la gracia, no se pueden comprar por la fe, pero ésta es el canal a través del cual lo recibimos, así como todas las demás innumerables bendiciones de Dios.

Gracia es el poder que nos transforma y cambia nuestras circunstancias. No es por el poder o la fuerza humana que somos favorecidos, sino por el Espíritu Santo. Uno de los 25 nombres del Espíritu Santo que encontramos en la Biblia es "Espíritu de gracia". Es por el Espíritu de gracia, de Dios, que hallamos su favor (gracia) ante él y los hombres.

Así que la gracia es el poder de Dios que llega mediante el canal de nuestra fe, pero en un área muy específica. Favor es la aceptación y la bendición que otros muestran hacia nosotros, porque la gracia de Dios brilla sobre nosotros. Dios hace brillar su luz y atrae la atención sobre nosotros.

Pues bien, aunque esa luz es real, generalmente es invisible para el ojo humano. En muchas ocasiones la gente ni sabe por qué nos mira con simpatía y favor. No sabe por qué les agradamos, por qué nos acepta, por qué confía en nosotros, por qué nos da su aprobación, se agrada de nuestra compañía, o nos prefiere. Sencillamente lo hace porque Dios hace brillar su luz de gracia sobre nosotros y nos otorga su favor.

Cuando descubrí el favor sobrenatural estaba agotada procurando ganar el favor y la aceptación de los demás. Desde ese momento comencé a confiar en Dios para

su favor sobrenatural y esto alejó de mí la presión. Ya no
tuve que preocuparme por la clase de impresión que causaba en todos aquellos que venían a mis reuniones.

Ahora casi cada fin de semana me paro frente a diferentes grupos, a quienes nunca antes he visto, para
ministrarles. Si no hubiera aprendido a confiar en el Señor, por su favor (gracia), no podría hacerlo. La presión
arruinaría mis nervios. Pero ahora esto no me causa la
menor molestia.

Cuando confía en Dios para que le conceda su favor
sobrenatural, éste alivia el estrés que se apodera de usted. En lugar de pretender hacer las cosas por sí mismo,
se siente libre para disfrutar realmente lo que hace porque ahora sabe que no es su problema cómo la gente decide reaccinar. Usted sencillamente da lo mejor de sí, hace
lo mejor que puede y le deja los resultados al Señor.

Ya no hace lo que yo solía hacer ni procura ganar aceptación adulando a las personas que conoce. No necesita
ser falso o hipócrita para impresionar a la gente. No tiene
que disimular, manipular y andar de lisonjero, esforzándose y preocupándose día y noche, mientras se preocupa
por hacer y decir las cosas de manera correcta para que
los demás piensen bien de usted. Como yo, usted puede
dejar de lado todo eso porque ya no busca el favor natural, sino el favor sobrenatural.

Diferencia entre el favor
natural y el favor sobrenatural

Existe una diferencia importante entre el favor natural y el sobrenatural. El favor natural se puede ganar, mientras que el sobrenatural no.

Si usted y yo nos esforzamos lo suficiente, durante el
tiempo necesario, la mayoría de ocasiones podemos lograr que la gente nos acepte y les seamos agradables. Pero

Dios no quiere que gastemos nuestro tiempo y energía tratando de ganar su favor, o el de los demás. Él quiere que los consagremos a hacer su voluntad, sea ésta popular o no.

El favor sobrenatural no se puede ganar; es un regalo. Ese es el tipo de favor que Dios quiere darnos, y la manera de obtenerlo es sencillamente creyendo, confiando y recibiéndolo de él.

Una de las razones por la cual el Señor no quiere que gastemos nuestro tiempo y energía buscando el favor natural es por su temporalidad. Aquí hay una lección que el Señor quiere enseñarnos.

Si usted gana la aceptación de la gente por sus propias obras, debe mantenerla de la misma manera como la consiguió.

Aquí es donde muchas personas se meten en problemas. Por eso es que caen bajo la influencia y el poder de los demonios manipuladores y controladores. Estos espíritus actúan en las personas si se les permite.

Si usted y yo tratamos de agradar a la gente, y de hacer que nos acepte diciendo y haciendo todas las cosas de manera correcta, tendremos que mantener esa misma tónica todo el tiempo para mantener su aprobación y amistad. Y esa es una forma de esclavitud. Ya no somos libres para seguir la dirección de Dios. Será imperativo complacer a la gente, pues de lo contrario nos rechazará.

Pero el favor sobrenatural no depende de complacer todo el tiempo a los demás. Depende de la gracia de Dios lograr la aceptación y mantenerla. Por eso es que diariamente oro por el favor sobrenatural. No podría decir cuántas veces he visto a Dios moverse de manera sobrenatural en mi vida otorgándome su favor. Él me está llevando a áreas de ministerio en las cuales no tendría la menor posibilidad de estar, si me basara en mis propios conocimientos y capacidad. A veces me asombro cuando veo las cosas que Dios me permite hacer, y los lugares a los cuales me permite ir, sin mencionar la cantidad de personas maravillosas que trae a mis reuniones.

Todo lo que puedo decir es: "¡Gracias Señor!"

Cuando renunciamos a hacer las cosas por nuestra cuenta y permitimos que el Señor nos dé su favor, crea dentro de nosotros un corazón agradecido.

Cuando luchamos y nos esforzamos a fin de lograr la aceptación por nuestra cuenta, queremos el crédito para nuestras habilidades y esfuerzos. Pero cuando sabemos que todo lo que tenemos y disfrutamos es un regalo de Dios, el resultado de su favor sobrenatural sobre nosotros, sólo podemo decir: "¡Gracias Señor!"

Lo que no merecemos siempre nos produce mayor gratitud que lo que creemos merecer. Esa es la naturaleza humana. Y esa es una razón por la cual el Señor resiste al orgulloso, pero da gracia (favor sobrenatural inmerecido) al humilde (Santiago 4:6).

Daniel y los jóvenes hebreos

En el tercer año del reinado de Joacim rey de Judá, vino Nabucodonosor rey de Babilonia a Jerusalén, y la sitió.

Y el Señor entregó en sus manos a Joacim rey de Judá, junto con una parte de los vasos y utensilios de la casa de Dios, y los transportó a la tierra de Sinar (Babilonia), a la casa de su dios, y colocó los vasos y utensilios en los tesoros de su dios.

Y el rey (de Babilonia) dijo a Aspenaz, jefe de los eunucos, que trajese algunos de los hijos de Israel, del linaje real de los príncipes y de los nobles.

Entre éstos estaban Daniel, Ananías, Misael y Azarías, de los hijos de Judá.

El jefe de los eunucos les dio nombres: A Daniel lo llamó Beltsasar (el Asistente del rey); a Ananías, Sadrac; a Misael Mesac, y Azarías Abed-nego.

Pero Daniel determinó en su corazón que no se con-

**taminaría por comer (su porción de) la rica y delicada
comida del rey, o por (beber) el vino que bebía; así que
le pidió al jefe de los eunucos (que le permitiera) no
contaminarse.**

**Pues bien, Dios le otorgó favor (gracia), compasión y
benevolencia ante el jefe de los eunucos.**
(Daniel 1: 1-3, 6-9).

En este pasaje se nos recuerda una historia familiar.

La nación de Judá fue llevada en cautiverio a Babilonia
por causa de sus pecados. Allí, algunos de los jóvenes más
capacitados, incluyendo a Daniel y sus tres amigos, fueron escogidos para ser asistentes del rey de Babilonia.
Como parte de sus tres años de entrenamiento y preparación, estos jóvenes debían seguir una dieta de exquisitos
vinos y carne, provistos por la mesa del rey. Sin embargo,
Daniel y sus amigos determinaron que no se contamina-
rían consumiendo la comida, y bebiendo el vino del rey.
En cambio, le solicitaron permiso al eunuco que estaba a
cargo de su formación seguir su propia dieta de agua y
legumbres.

La Biblia dice que el Señor le otorgó su favor (compasión y benevolencia) a Daniel ante al jefe de los eunucos,
quien accedió a que siguieran su propia dieta, lo cual no
los afectó, sino que los hizo más fuertes y saludables que
los otros jóvenes que eran entrenados como asistentes del
rey. De hecho el rey estaba tan impresionado que los escogió de entre todos para servir como sus consejeros de
confianza (versículos 10 al 20).

El favor de Dios reposaba sobre Daniel y sus amigos
de una forma tan intensa que eventualmente Daniel sur-
gió y se convirtió en el Primer Ministro de Babilonia, la
mayor potencia del mundo en ese entonces, y los otros
tres fueron hechos altos dignatarios del reino.

¿Qué cree usted que hubiera ocurrido si estos jóvenes
hebreos hubieran procurado promocionarse a sí mismos
buscando el favor natural?

Jesús

Y Jesús crecía en sabiduría (en amplitud y plenitud de conocimiento) en estatura, en edad, y en gracia (favor) para con Dios y los hombres.

(Lucas 2:52).

Desde su niñez Jesús tuvo inmenso favor con Dios y con los hombres. En efecto era tan popular cuando comenzó su ministerio, que difícilmente podía encontrar tiempo a solas para orar y tener comunión con su Padre celestial.

Aun quienes no creían en él reconocieron que gozaba del favor de Dios y de los hombres. Cuando los fariseos enviaron guardias para arrestarlo por proclamarse Hijo de Dios, éstos regresaron con las manos vacías diciendo: *¡Jamás hombre alguno ha hablado como este hombre* (Juan 7:32, 45, 46).

Tuvo el favor de Dios al final de su vida cuando compareció ante los líderes religiosos y los representantes del gobierno de su tiempo. A pesar de los celos y del odio de todos los que se le oponían y lo acusaban falsamente, encontró favor ante Pilato y éste lo hubiera liberado de no haber sido por las demandas de la multitud.

Aún, cuando estaba siendo juzgado, la esposa de Pilato le envió un mensaje diciendo: *...no tengas nada que ver con ese hombre justo...* (Mateo 27:19). Ella también reconoció quién era Jesús, el Cristo, el Ungido (el favorecido), por Dios.

Pilato mismo temía a Jesús porque reconocía que el favor de Dios estaba sobre él. De otro modo, ¿cómo explicar que un hombre tan poderoso procurara excusarse lavando sus manos y declarando públicamente, *...no soy culpable ni responsable de la sangre de este justo; allá ustedes?* (Mateo 27:24).

Después de que Jesús fue crucificado, el centurión romano que estaba a cargo, *habiendo visto lo ocurrido, reconoció y glorificó a Dios diciendo: ¡Ciertamente, sin ninguna duda, este hombre era recto (justo e inocente)!* (Lucas 23:47). El siguiente versículo dice: *Y toda la multitud que se había reunido para ver el espectáculo, cuando vieron lo que había ocurrido, regresaron a sus hogares golpeando sus pechos.*

¿Porqué esta gente reaccionó de esa manera? Porque se dieron cuenta que el favor divino reposaba sobre aquél a quien habían visto crucificar.

Así que el Señor obtuvo el favor con Dios y con los hombres, no sólo al convertirse en hombre adulto, sino durante toda su vida y aun después de su muerte.

Me gustaría que pudiéramos vernos como los favorecidos del Señor. Dios nos ve de manera muy diferente a como nos vemos nosotros mismos. No nos ve como criaturas débiles, desvalidas, y pecadoras. Nos ve vestidos con un manto de justicia, y el calzado de la paz, vistiendo toda la armadura de Dios, y blandiendo la espada del Espíritu, es decir, la Palabra del Señor. Y es así como debemos vernos nosotros.

Dios nos ve así porque él no nos mira como somos en el mundo físico, sino como somos en el mundo espiritual. Así es como debemos aprender a mirarnos.

Cuando se mire en el espejo no diga: "Oh, ¿quién podría fijarse en mí? ¿Cómo puede un "don nadie" como yo, tener amigos, conseguir un buen empleo, casarse, tener una familia, un ministerio, o ser una bendición para los demás? Nadie jamás me amará".

Cuando usted hace eso está mirando las cosas desde la perspectiva natural y humana, y no le concede credibilidad al Señor por lo que él puede hacer.

No importa cómo parezcan las cosas ante nuestros ojos físicos, no importa el concepto que tengamos de nosotros mismos, o el que los demás tengan de nosotros, no olvidemos jamás que Dios puede hacer que la luz de su divino favor brille sobre nosotros, tal como lo hizo con Jesús, de tal manera que podamos crecer en sabiduría, estatura, y en gracia para con Dios y los hombres (Lucas 2:52).

Rut

Y regresó Noemí, y Rut la moabita su nuera con ella, volvieron de la nación de Moab. Y llegaron a Belén al comienzo de la siega de la cebada.

Ahora bien, Noemí tenía un pariente de su marido, hombre rico de la familia de Elimelec, cuyo nombre era Booz.

Y Rut la moabita le dijo a Noemí: Déjame ir al campo y recogeré espigas en pos de aquel a cuyos ojos hallare favor. Noemí le respondió: Vé, hija mía.

Fue (Rut) y espigó en el campo en pos de los segadores; y aconteció que ella se detuvo en aquella parte del campo que era de Booz, el pariente de Elimelec...

Entonces Booz le dijo a Rut: Escucha hija mía, no vayas a espigar a otro campo ni te vayas de aquí, y quédate junto a mis criadas.

Mira el campo donde estén segando, y síguelas; porque yo he mandado a los jóvenes que no te molesten. Y cuando tengas sed, vé a las vasijas y bebe del agua que sacan los criados.

Entonces ella se inclinó a tierra bajando su rostro y le dijo: ¿Porqué he hallado gracia (favor) en tus ojos para que me notaras, siendo yo una extranjera?
                                    (Rut 1:22; 2:1-3, 8-10).

Con seguridad recuerda la historia de Rut y su suegra Noemí. Después de la muerte de sus esposos en tierra de Moab, donde habían ido a vivir durante la hambruna, Noemí y Rut regresaron a Judá. Allí Rut le pidió permiso a Noemí para ir a los campos circunvecinos a espigar grano para su alimento, a fin de no morir de hambre.

Mientras Rut espigaba, Dios la favoreció ante los ojos del dueño del campo, un hombre llamado Booz, quien resultó ser pariente del esposo de Noemí. Booz cuidó de Rut, le dio agua y alimento, e instruyó a los segadores, no sólo en cuanto a protección, también para que dejaran algún grano extra a fin de que ella lo recogiera (Rut 2:14-16).

En efecto, Rut encontró tal favor ante los ojos de Booz, que más tarde éste le pidió que se casara con él. Como resultado, ella y Noemí tuvieron quien las cuidara por el resto de sus vidas.

Este es un cuadro ejemplar y maravilloso de los efectos del favor de Dios sobre una persona. Y el mismo favor está disponible para usted y para mí, si suspendemos nuestros esfuerzos procurándolo por medio de las obras de la carne, y sencillamente lo pedimos y recibimos por la fe.

Definición de gracia y favor

Como hemos visto, en las Escrituras las palabras *gracia* y *favor* son traducidas de la misma palabra griega *charis*. Hemos dicho que la gracia es un favor inmerecido que no podemos ganar, y que es el poder de Dios que viene a una persona para que venza sus tendencias pecaminosas. También vimos que favor es la gracia o el poder de Dios en una persona, que la capacita para actuar con gracia, o con favor.

Vimos que existe el favor natural y el sobrenatural. El favor natural es determinado por la forma como tratamos a la gente, e incluye elementos tales como cumplidos, palabras edificantes, y el esfuerzo humano de nuestra parte para impresionar a otros. Debemos ser buenos con la gente, pero con el motivo correcto. El amor de Dios no tiene un segundo motivo. El favor natural puede ganarse pero, como hemos visto, el favor sobrenatural viene de Dios.

Aunque no podemos producir el favor sobrenatural porque lo recibimos como un regalo del Señor, también es cierto que haciendo todas las cosas que producen el favor natural como ser amables con los demás, tratar a la gente con respeto y dignidad, animar y fortalecer a otros, sembramos las semillas para una cosecha futura de favor sobrenatural. Cuando tratamos a la gente de manera correcta y buscamos el favor de Dios, estamos en la senda correcta que nos guía a unas buenas y sólidas relaciones.

Lo que significa ser favorecido

A menudo se dice que quienes disfrutan el favor especial de Dios o de los hombres son *favorecidos*. Ser favorecido es ser distinguido.

A cada uno de nosotros nos gustaría ser distinguidos. ¿Eso es orgullo? No, si esa posición distinguida y favorecida viene de Dios, y no como resultado de nuestras propias ambiciones personales, o de nuestros esfuerzos egoístas por llamar la atención hacia nosotros.

Siendo totalmente honesta, me encanta mirar como Dios distingue a una persona, especialmente si esa persona soy yo. Me gusta ver a Dios obrando a mi favor, y pienso que todo el mundo siente de la misma manera. Debo admitir que es agradable ver cuando Dios señala a alguien mediante un tratamiento preferencial, especialmente en presencia de otros.

Esto nos pasa a todos, en un momento u otro, particularmente a quienes esperamos que esto ocurra, razón por la cual le pedimos a Dios que así sea.

Por ejemplo, ¿ha estado en una larga fila de espera rumbo a una caja registradora en un supermercado, con afán y, lógico, la tremenda necesidad de salir rápido? ¿Ha orado alguna vez para que Dios le ayude aligerando su salida?

Algunas veces, en tal situación, he orado diciéndole al Señor: "Padre, dame gracia por favor". De repente otra caja se pone en servicio y la cajera me dice: "Señora, yo la atiendo aquí". O tal vez alguien que está adelante con un carro lleno de alimentos se quita de mi camino, diciéndome: "Señora, usted tiene solo unas pocas cosas para pagar, siga primero".

Si cosas como éstas le han ocurrido, usted ha recibido el favor de Dios tal vez sin darse cuenta de ello. Sólo piense en cuántas más de ellas pueden ocurrirle ahora que sabe cómo pedirlas.

Cuando esto pasa y sabe que es una señal de que está siendo distinguido por Dios, y siendo objeto de su favor, todo lo que puede decir es "¡gracias, Señor!"

Dios quiere darnos su favor sobrenatural porque éste provoca genuina alabanza y acción de gracias.

Se disfruta recibiendo el favor de Dios. Parece que no ocurre tan a menudo como nos gustaría. Parte del problema somos nosotros. No nos gozamos tanto con el Señor como deberíamos. Debemos tener más libertad y menos temor y legalismo. Existen muchísimas cosas que al Señor le encantaría hacer por nosotros, pero no puede porque no se las pedimos. Y una razón por la cual no pedimos es porque no nos sentimos dignos y merecedores. Vamos a Dios y le pedimos su favor especial cuando ya estamos absolutamente desesperados, cuando nos hemos metido en una situación que posiblemente no podemos manejar por nuestra cuenta.

El Señor quiere estar personalmente involucrado en nuestras vidas. Él quiere caminar con nosotros cuando estamos en la fila frente a la caja registradora en el supermercado, y cuando estamos atrapados en medio de un trancón vehicular y no nos podemos mover.

Cuando me encuentro en esa situación, oro: "Señor, favoréceme en esta situación". A menudo él abre una bre-

cha y me permite entrar en la fila conveniente de vehícu-
los.

En efecto, ese es un buen ejemplo sobre cómo podemos sembrar semillas de favor natural para una cosecha
de favor sobrenatural. Cuando le permitimos a otro con-
ductor que pase delante de nosotros, sembramos una semilla para que otro haga lo mismo con nosotros.

No hay nada de malo en ser la persona distinguida, si
estamos dispuestos a permitir que otros también tengan
la misma oportunidad de ser distinguidos por Dios. Ser
favorecidos o distinguidos es permitir que el Señor haga
brillar su luz sobre nosotros, para su gloria. Si mantenemos la actitud correcta, si les permitimos a otros los mismos privilegios que nosotros disfrutamos, si le damos la
gloria a Dios en lugar de ser orgullosos y arrogantes, continuará derramando su favor sobre nosotros, y tratándo-
nos como sus preferidos.

El preferido de Dios

¿Qué significa ser un favorito o preferido? Significa
ser particularmente favorecido, estimado y preferido. Significa disfrutar de atención especial, de afecto personal y
trato preferencial, aun sin merecerlos.

Si tres personas igualmente calificadas solicitan el mismo empleo, pero una es favorita del Señor, él hará brillar
su gloria sobre esa persona, dando como resultado que
salga escogida para esa posición, sea hombre o mujer.
Quienes hacen la selección ni siquiera sabrán por qué
prefieren a este candidato en particular sobre los demás;
todo lo que saben es que, por alguna razón, él o ella tiene
un atractivo especial para ellos.

No existe nada en usted o en mí, o en otra persona,
que pueda hacernos los preferidos de Dios. Él nos escoge
para tal lugar de honor y estima por un acto de su gracia
soberana. Y todo lo que nosotros podemos hacer es reci-

bir su regalo con una actitud de humildad y acción de gracias.

Ahora bien, cuando yo hablo de ser el favorito de Dios, debo aclarar algo. Por cuanto él es el Dios de toda la creación, y debido a que tiene una relación personal con cada uno de sus hijos, puede decirnos individualmente, al mismo tiempo y con toda veracidad: "Tú eres la niña de mis ojos, mi hijo favorito".

Me tomó tiempo llegar a comprender esta verdad. De hecho al comienzo tenía miedo de creerla. Era difícil imaginarme como la favorita de Dios, aunque él me lo dijera. Pero entonces me di cuenta de que Dios se lo dice a cada uno de sus hijos. Él quiere compartir esa hermosa verdad con todo aquel que la cree, la acepta, y actúa de acuerdo con ella.

Nuestro Padre celestial quiere que sus hijos se pongan de pie y sean todo lo que el Señor Jesús tuvo en mente que fueran cuando dio su vida por ellos. Dios no desea que andemos por ahí con la cabeza agachada y los hombros caídos, temerosos de mirar los ojos de los demás, y de lo que ellos podrían pensar de nosotros.

Cada uno de nosotros recibe de Dios la seguridad de ser su hijo favorito porque él desea que estemos seguros de quienes somos en Cristo Jesús, de tal manera que tengamos la confianza y la seguridad necesarias para caminar, de manera victoriosa a través de esta vida, atrayendo a otros a compartir con nosotros su gracia maravillosa.

Coronados con gloria y honor

¡Oh Señor, Dios nuestro, cuan excelente (glorioso y majestuoso) es tu nombre en toda la tierra! Tú has puesto tu gloria sobre los cielos.

De la boca de los niños y de los lactantes has establecido la fortaleza, por causa de tus adversarios, para hacer callar al enemigo y al vengativo.

Cuando observo y considero tus cielos, obra de tus dedos, la luna y las estrellas, que tú has ordenado y establecido, me pregunto:

¿Qué es el hombre para que te acuerdes de él, y el hijo del hombre para que lo cuides?

Lo has hecho un poco menor que Dios (o los seres celestiales), y lo coronaste con gloria y honor.

Le has dado dominio sobre las obras de tus manos; todo lo pusiste debajo de sus pies

(Salmo 8:1-6).

Note como en el versículo 5 dice que Dios ha escogido al hombre y lo ha coronado de gloria y honor.

En este contexto, las palabras *honor, gloria* y *coronado* tienen una significación especial.

En mi opinión, *honor* y *favor* tienen aquí el mismo significado. Diríamos que Dios ha coronado al hombre con gloria y favor, dándole dominio sobre las obras de sus manos, y poniendo todas las cosas bajo sus pies. Yo describo la palabra *gloria* en este caso como las excelencias de Dios. Por supuesto, ser coronado simboliza triunfo o recompensa, generalmente como un emblema alrededor de la cabeza.

Así pues, lo que el salmista nos dice en este pasaje es que usted y yo hemos sido señalados por Dios, quien ha ubicado sobre nuestras cabezas su corona de favor y excelencia.

El hecho de que no veamos una corona sobre nuestra cabeza no quiere decir que no la tengamos. Tampoco vemos con nuestros ojos físicos los mantos de justicia con los cuales estamos vestidos, pero eso significa que no sólo existen en el mundo espiritual. Como el Apóstol Pablo nos dice, el hombre natural no percibe las cosas que son de Dios porque deben discernirse espiritualmente (1ª de Corintios 2;14 RVR).

Así que usted y yo hemos sido coronados con el favor y la excelencia de Dios. La razón principal por la cual no estamos recibiendo el fluir de estas bendiciones que el Señor ha puesto sobre nosotros, es porque no creemos que las merecemos, o porque no se nos ha enseñado que son nuestras. Nuestra fe es inactivada en esta área. Por lo tanto, a duras penas vamos medrando por la vida, tomando cualquier cosa que el diablo decide arrojarnos, sin haber reclamado jamás lo que legalmente es nuestro.

Si usted lee el versículo 6, comprenderá que todas las cosas han sido puestas bajo nuestros pies, es decir bajo nuestra autoridad por el Señor, quien nos ha dado dominio sobre toda su creación. Me parece, entonces, que no estamos para permitirle al diablo y sus demonios intimidarnos, dominarnos u oprimirnos.

Sólo en la medida en que determinemos ejercer este dominio y autoridad, nuestro caminar rendirá gloria y honor a nuestro Dios.

Otra descripción o definición que yo le doy de la palabra *gloria* tiene que ver con lo que hace que algo brille. Un buen pasaje escritural para ilustrar este punto es Exodo 34:28-35, el cual nos dice que el rostro de Moisés resplandeció después de pasar 40 días con sus noches en la montaña con Dios. Era tan intenso el resplandor que emitía el rostro de Moisés, que atemorizó a los hijos de Israel de tal modo que tuvieron que cubrirlo con un velo cada vez que hablaba con ellos después de haber estado en la presencia del Señor. He visto también la palabra *honor* descrita como respetuosa consideración, estima, y fama exaltada.

Si usted y yo caminamos en la bendición de la gloria y el honor con los cuales Dios nos ha coronado, no sólo nuestros rostros resplandecerán con su gloria, también disfrutaremos de gozo, respeto, estima, una buena fama y reputación, todo lo cual es el resultado del favor de Dios.

Una ilustración personal acerca de caminar en gracia (favor)

Una vez que usted y yo comenzamos a caminar con el favor de Dios, veremos qué cosas fantásticas comienzan a ocurrir en nuestra vida diaria.

Yo tengo una experiencia personal para ilustrar este punto, pero dudé si se la compartía por temor a parecer arrogante u orgullosa. Sin embargo, después de pensarlo cuidadosamente, he decidido incluirla en esta discusión porque es un buen ejemplo de las bendiciones del Señor que siguen a todos los que caminan en su favor.

Hace algún tiempo, una amiga y yo decidimos ir de compras. Yo desperté temprano esa mañana para pasar algún tiempo con el Señor, tuve una visitación suya maravillosa, y disfruté su presencia de una forma poderosa durante bastante rato. Al salir de mi casa no tenía la menor idea de que había algo diferente en mí, pero obviamente lo había ya que otros reaccionaron hacia ese algo durante todo el día.

Cuando pasamos tiempo saturándonos de la presencia del Señor, nadie puede verla en nosotros de una manera física, pero pueden sentirla espiritualmente. Quizás se sientan atraídos hacia nosotros aun sin comprender por qué. Sencillamente parece haber algo en nosotros que hace que quieran otorgarnos su favor.

Es a eso a lo que me refiero cuando digo que si caminamos en humildad y obediencia, Dios hará que su luz brille sobre nosotros dándonos su favor. Existe una recompensa paralela al acto de pasar tiempo en comunión con nuestro Padre celestial.

Generalmente a mí me gusta conducir, pero esa mañana en particular le pedí a mi amiga que condujera para poder pasar unos minutos adicionales con el Señor. Así que durante los 45 minutos del trayecto al centro comercial, estuve leyendo la Biblia y disfrutando el calor de la presencia del Señor.

Cuando salimos del automóvil y entramos al centro comercial, una dama se acercó, y me dijo: "Oh, Joyce, yo te conozco; yo he estado en tus reuniones algunas veces". Luego agregó: "¡Luces tan hermosa! No puedo dejar de decirte lo esplendorosa que te ves".

Todo lo que pude decir fue Gracias, y seguí mi camino alabando al Señor. Y ese fue sólo el comienzo.

Aunque es común que la gente me reconozca y quiera visitarme de vez en cuando, jamás había tenido un día como ese durante todos los años de mi ministerio. Estábamos en un lugar muy distante al sitio donde realizamos nuestras reuniones. Pero parecía que donde quiera íbamos, la gente se apartaba de su camino para saludarme y expresarme sus cumplidos diciéndome lo bien que lucía, lo joven que parecía, y cuan radiante me encontraba. Una dama en un almacén de calzado llegó a decirme que mi rostro debía haber tenido algo especial porque yo lucía aún mejor que la última vez que me había visto.

Todas estas ocurrencias llegaron al punto de ser divertidas. Pero no terminaron. Continuaron todo el tiempo y todo el trayecto de nuestras compras. Yo sabía que el responsable era Dios. Que todo esto ocurría porque el Señor estaba proyectando su reflector sobre mí. Sabía que no se trataba de algo que yo hubiera hecho por mí misma sino que, igual que ocurrió con Moisés, la gloria del Señor estaba sobre mí como resultado de haber pasado tiempo en su presencia. Mi rostro resplandecía y atraía a otros porque reflejaba su gloria, no la mía.

Si alguna vez le ha ocurrido este tipo de cosas, si alguna vez ha disfrutado el favor sobrenatural con la gente, es porque la luz del Señor brillaba sobre usted. Puede que la gente haya reconocido o no, que lo obsevado en usted era a Dios, pero el resultado, de todos modos fue el mismo.

Cuando esto nos sucede, todo lo que podemos hacer es darle gracias a Dios y alabarlo.

Favor creciente

La gloria y el honor que me diste les he dado, para que sean uno solo, como nosotros

(Juan 17:22).

Recordemos como Lucas 22:52 dice que *Jesús crecía en gracia (favor) con Dios y los hombres.* Ahora bien, en Juan 17:22, cuando está orando a su Padre justo antes de partir para el cielo, Jesús dice que nos ha dado, a nosotros sus discípulos, la misma gloria y honor que el Padre le había dado a él, para que seamos uno, así como él y el Padre son uno.

Eso debería ser suficiente para emocionarnos. A la lectura de este pasaje debería seguir un gozo y un regocijo inmenso. Deberíamos estar creyendo y confesando que tenemos favor con toda persona que conocemos, y en cada situación que enfrentamos en la vida. Deberíamos estar alabando y agradeciendo a Dios porque su favor sobre nosotros crece y se desarrolla a medida que mantenemos la comunión continua con él, y entre nosotros, caminando juntos como uno solo, en humilde obediencia a su voluntad, justamente como Jesús lo hizo.

Embajadores de Cristo

Pero todas las cosas provienen de Dios quien a través de Jesucristo nos reconcilió consigo mismo (nos recibió por gracia, nos puso en armonía con él mismo), y nos dio el ministerio de la reconciliación (que por la palabra y por las obras, nuestro objetivo sea llevar a otros a la armonía con él).

Que Dios estaba (personalmente presente) en Cristo, reconciliando y restaurando al mundo el favor consigo

mismo, no teniendo en cuenta ni haciendo memoria de las transgresiones de los hombres (sino cancelándolas), y encargándonos el mensaje de la reconciliación (de la restauración del favor).

Así que somos embajadores de Cristo, a través de quienes Dios hace su llamado. Nosotros (como representantes personales de Cristo), les rogamos en su nombre que echen mano del favor divino (que ahora se les ofrece), y se reconcilien con Dios

(2ª de Corintios 5:18-20).

¿Entiende usted, mediante este pasaje, como Dios desea que nosotros (y a través de nosotros, cada ser humano sobre la tierra), estemos en gracia (favor) con él? ¿Comprende también, por lo que hemos dicho, que el diablo se ha robado ese favor mediante el error y el engaño? Jesús vino a restaurar el favor de Dios a su pueblo, y a través de su pueblo a todo el mundo sobre la tierra.

Tener y disfrutar ese favor es parte de nuestra *herencia*. Y es parte de nuestro *ministerio* actuar como embajadores de Cristo haciendo que otros reciban el maravilloso regalo del perdón y de la reconciliación con Dios, y que sean partícipes de su gracia maravillosa, su favor inmerecido.

Dios quiere reconciliarnos con él y restaurarnos su favor, de tal manera que podamos ser sus embajadores en la tierra. Así es como tenemos que vernos, como embajadores de una tierra extranjera. La Biblia dice que somos extranjeros y peregrinos aquí, que esta tierra no es nuestro hogar, y que sólo estamos de paso (1ª de Pedro 2:11). A través de nosotros Dios llama a otros para que reciban su perdón, su gracia y su favor.

Ahora bien, piense por un momento en lo siguiente: ¿Cómo son tratados los embajadores? ¿No se les da un trato real? Ese es el trato que debemos esperar, y es también el trato que le debemos dar a las personas a quienes somos enviados por el Señor para el bien de su reino.

La Biblia nos dice que no sólo somos embajadores de Cristo, sino reyes y sacerdotes para Dios (Apocalípsis 1:6

RVR). Por eso es que debemos tener una actitud diferente hacia nosotros y los demás. Debemos actuar como embajadores reales, como diplomáticos divinos.

Una imagen de favor

Vístanse con toda la armadura de Dios (la pesada armadura que Dios provee para un soldado) para que puedan permanecer firmes y exitosos contra (todas) las estrategias y artimañas del demonio.

Porque no tenemos lucha contra sangre y carne (contendiendo solamente con oponentes físicos), sino contra tiranías, contra potestades, contra espíritus del mal (que son los), gobernadores de las tinieblas actuales, contra las fuerzas espirituales de maldad en la esfera (sobrenatural) de los cielos

(Efesios 6:11-12).

Lester Sumrall dice que es necesario que los creyentes vivan en actitud *combativa* ante las fuerzas del mal. A menudo yo utilizo el término *agresivamente*. Los dos estamos diciendo lo mismo: nosotros los creyentes en Jesús debemos vivir confiados y seguros, no atemorizados y medrosos (2ª de Timoteo 1:7). Es necesario saber que estamos en Cristo, plenamente persuadidos de que tenemos el derecho de hacer lo que estamos haciendo.

Ahora bien, aquí no estoy hablando de tener una mala actitud. No hablo de ser agresivo o dominante con los demás. Cuando yo enseño enfatizo la necesidad de ser mansos y humildes, y de permitir que sea Dios quien abre las puertas y hace camino delante de nosotros. No hablo de la manera como tratamos a otras personas, especialmente a quienes no están de acuerdo con nosotros. Hablo de cómo debemos actuar hacia los espíritus del mal que se nos oponen y estorban nuestro caminar. De comportarnos en el mundo natural como la Biblia dice que ocurre en el mundo espiritual.

Debemos recordar que nuestra lucha no es contra sangre y carne, sino contra poderosos enemigos espirituales.

Si la gente tiene una mala actitud hacia usted, es porque no está caminando en la gracia y el favor que Dios ha derramado sobre su vida. Puede ser que esté abdicando la posición a la cual tiene derecho como hijo de Dios. Quizás esté doblegándose ante los espíritus diabólicos, dándoles el derecho y la autoridad para que lo atemoricen e intimiden.

¿Cómo se ve a sí mismo?

Y el Señor dijo a Moisés: Envía hombres a explorar y a reconocer (por sí mismos) la tierra de Canaán, la cual yo doy a los hijos de Israel. De cada tribu de sus padres enviarás un varón, cada uno príncipe entre ellos.

Entonces Moisés, siguiendo la instrucción del Señor, envió espías desde el desierto de Parán, y todos ellos eran príncipes de los hijos de Israel.

Y después de cuarenta días regresaron de reconocer la tierra. Vinieron a Moisés y a Aarón y a toda la congregación de los hijos de Israel en el desierto de Parán, en Cades, y dieron la información y les mostraron en fruto de la tierra.

Le dijeron a Moisés: Nosotros fuimos a la tierra a la cual nos enviaste, la que ciertamente fluye leche y miel, y este es su fruto.

Pero el pueblo que la habita es muy fuerte, y sus ciudades son muy grandes y fortificadas; más aún, vimos allí a los hijos de Anac (de gran estatura y valor).

Caleb hizo callar al pueblo delante de Moisés, y dijo: Subamos de una vez y tomemos posesión, porque podemos conquistarla.

Pero sus compañeros que habían ido con él dijeron: No podremos subir contra aquel pueblo porque es más fuerte que nosotros.

Y dieron a los hijos de Israel un informe negativo y perverso, diciendo: La tierra por donde pasamos es una tierra que devora a sus habitantes. Y todas las personas que vimos en ella son gente de gran estatura

(Números 13: 1, 2, 25-28, 30-32).

Cuando los hijos de Israel se acercaron a su destino, el Señor le dio instrucciones a Moisés en cuanto a escoger 12 hombres, uno de cada tribu, y que los enviara en una expedición exploratoria a la tierra de Canaán.

Cuando regresaron, los 12 coincidieron en que la tierra era productiva y fructífera, de la cual, en efecto, fluían la leche y la miel. Pero cuando se trató de decidir un curso de acción, 10 de los 12 dieron un "reporte perverso", y solamente dos de ellos, Josué y Caleb, presentaron un buen informe. La razón por la cual los 10 dieron un mal informe es porque estaban atemorizados. El problema consistía en que ellos miraban la situación desde la perspectiva humana, a través de los ojos de la carne, mientras que Josué y Caleb la miraban desde la perspectiva divina, a través de los ojos del Señor.

Note el versículo 33 de este pasaje, en el cual los 10 se refieren a los habitantes de la tierra y a sí mismos: *Allí vimos a los (gigantes) hijos de Anac, raza de gigantes; y éramos nosotros, a nuestro parecer, como langostas, y así les parecíamos a ellos.*

¿Cómo se ve usted, como una langosta o como un poderoso guerrero de Dios? ¿Es el suyo un informe bueno o malo? Cuando el Señor pone frente a usted una nueva oportunidad, ¿se queja y lamenta atemorizado, diciendo: "No puedo vencer los gigantes la tierra", o declara confiado: "¡Subiré ahora mismo porque soy capaz de tomarla"!? Diez de los israelitas vieron los gigantes... ¡Dos vieron a Dios! Mantenga sus ojos puestos en Dios. Usted y él son suficientes en cualquier situación.

Siendo completamente honesta con usted, yo no tengo ni la educación ni las cualidades naturales, de ninguna clase, para hacer lo que estoy haciendo. Soy la persona menos indicada que yo conozco para estar de pie, predicando y enseñando frente a multitudes. La menos indicada para intervenir en la radio y la televisión. Continúo pensando: "Señor, ¿cómo es que puedes utilizarme haciendo tal cosa? ¿Cómo es que la gente regresa semana tras semana para oírme hablar? ¿Por qué sintonizan regularmente mis programas de radio y televisión?"

Durante el desarrollo de mi ministerio yo viajo a través de todo el país. Aveces gente que no conozco viene a mis conferencias y se sienta por dos días completos a escucharme, pendientes de cada una de mis palabras. ¿Porqué lo hacen? Lo hacen porque Dios me da su favor y su gracia ante ellos. Y Dios hará con usted lo mismo; le dará su gracia y su favor si está dispuesto a recibirlos.

Dios puede hacer que usted sea aceptado por la gente. Él puede hacerlo triunfador y victorioso. Puede darle la confianza y el valor necesarios para ser un ganador. Pero tiene que estar de acuerdo con el plan que él tiene para su vida. Debe renunciar a ver en usted la persona contraria u opuesta a lo que Dios dice que es. Debe aprender a cambiar su autoimagen.

No solo debe aprender a verse diferente, también a comportarse de manera diferente. No baje su cabeza cuando está involucrado en una conversación. Siento mucha compasión por algunas personas que vienen a hablar conmigo y están tan nerviosas y vacilantes que apenas si pueden hablar. Por cuanto soy una persona en autoridad, parecen temerosos de mí. Este temor proviene de un sentimiento de inseguridad, lo cual indica baja autoestima.

Cuando hable con alguien, permanezca erguido y mire a esa persona directamente a los ojos. No hay razón para que baje la cabeza turbado, o avergonzado. No importa cuán pobre o pequeño haya sido usted en lo natural. Espiritualmente Jesús murió para exaltarlo y sentarlo con él en los lugares celestiales. No importa qué tan bajo haya estado antes, ahora tiene sobre su cabeza una corona de gloria y honor. Sin importar su forma previa de vestir, ahora está vestido con un manto de justicia, y lleva un anillo como sello en sus dedos. ¿Sabe usted el significado del anillo? Significa que tiene autoridad. Que lo dicho por el Señor lo respalda.

No permita que el diablo llene su cabeza con pensamientos de indignidad. Recuerde que los pensamientos son semillas. Su espíritu sólo puede producir de acuerdo a lo que usted siembra, y según como usted nutre o alimenta su mente y corazón. Cada pensamiento que permite que entre y se arraigue en su más profundo ser interior, comienza a crecer y a producir fruto. Por eso es necesario que aprenda a reemplazar los pensamientos y las palabras negativas por pensamientos y palabras positivos. Necesita dejar de verse y considerarse a sí mismo como un pecador indigno, y sin ningún valor, y comenzar a verse como justicia de Dios en Cristo Jesús (1ª de Corintios 1:30).

Recuerde: usted tiene tanto derecho al favor de Dios como cualquier otra persona. Aprenda a sacar provecho de él en su diario caminar.

El favor como un regalo de Dios

...Dios seleccionó (deliberadamente escogió) lo tonto del mundo para avergonzar a lo sabio, y lo que el mundo llama débil, para vergüenza de lo fuerte.

Y también seleccionó (escogió deliberadamente) lo que en el mundo es humilde, insignificante y menospreciado, aun las cosas que son consideradas como nada, para deponer y deshacer las cosas que son consideradas valiosas e importantes.

Para que ningún mortal se jacte (o pretenda gloriarse) en la presencia de Dios

(1ª de Corintios 1:27-29).

En una ocasión, mientras leía acerca de Smith Wigglesworth, y su gran fe, me sentí tremendamente impresionada por todas las cosas maravillosas que hacía, por ejemplo sanidades y resurrecciones. Pensé: "Señor, sé que tengo tu llamado, pero yo jamás podría hacer algo como eso".

Repentinamente el Señor me habló, diciendo: "¿Por qué no? No eres tú tan valiosa como cualquier otra persona?"

Como puede ver, estamos equivocados. Pensamos que Dios busca gente que todo lo ha hecho y logrado de manera estupenda. Pero no es cierto. La Biblia dice que Dios escoge lo débil y lo necio del mundo para avergonzar a los sabios. Él busca personas que quieran humillarse a sí mismas y que permitan que él lleve a cabo su voluntad en, y a través de ellas.

Si usted y yo tenemos cuidado de no ser vanidosos o arrogantes, él puede utilizarnos tan poderosamente como utilizó a Smith Wigglesworth, o a cualquier otro hombre o mujer de Dios. Pero en el momento cuando nos levantemos con orgullo, Dios se verá obligado a bajarnos de nuevo. Recuerde: la Biblia dice que Dios puede enaltecer y abatir (1º de Samuel 2:7) .

Representantes personales de Cristo

Así que somos embajadores de Cristo, y Dios hace su llamado a través de nosotros. Les rogamos en su nombre (como representantes personales de Cristo), que se apropien del favor divino (ofrecido ahora a ustedes), y se reconcilien con Dios

(2ª de Corintios 5:20).

Como ya hemos visto, somos embajadores de Cristo, representantes personales del Hijo del Dios Vivo.

Eso significa que cualquier cosa que hagamos debemos hacerla de manera excelente. Significa que donde quiera que vayamos, estamos representando a Jesús ante cualquier persona que encontremos, o con la cual hagamos contacto. Por eso es que siempre debemos parecer, hablar y actuar como embajadores reales, como emisarios regios. Y esa es la razón por la cual debemos ser cuidadosos con nosotros mismos, nuestro cuerpo, nuestra mente, nuestro espíritu, y con las cosas que poseemos.

Como representantes de Cristo, nuestra casa con su patio, es decir, el automóvil y la ropa deben permanecer limpios, ordenados y bien presentados. Debemos hacer lo mejor que podamos con lo que tenemos. Eso no quiere decir que estamos obligados a tener las mejores cosas; ciertamente no es una obligación tener todo lo que los demás tienen; pero debemos asegurarnos de que todo lo que hagamos honre y glorifique al Señor.

Recuerde que es a través de nosotros, sus representantes personales en esta tierra, que Jesús llama a la gente del mundo, rogando nosotros en su nombre que se apropien del favor divino que se les ofrece, y que se reconcilien con Dios el Padre.

Lo que el apóstol San Pablo está diciendo en este versículo es que, debido a que usted y yo hemos recibido el favor divino, tenemos la tarea y el llamado de influenciar a otros para que reciban el mismo divino favor que el Señor quiere impartirles, tal como lo hizo con nosotros.

¡Brillo sobre usted!

Y el Señor dijo a Moisés: Di a Aarón y a sus hijos: Esta es la manera como bendecirás a los hijos de Israel, diciéndoles:

El Señor te bendiga, te cuide y te guarde;

El Señor haga resplandecer su rostro sobre ti, te ilumine y te dé gracia (sea misericordioso contigo y te dé su favor);

El Señor alce sobre ti su rostro (de aprobación), y te dé paz (continua tranquilidad de alma y corazón)
                                        (Números 6:22-26).

¿Sabe usted lo que es el rostro, o el semblante de Dios? Es su rostro mismo y su misma apariencia. Cuando algún hombre o alguna mujer de Dios nos dice: *Jehová haga res-*

*plandecer su rostro sobre ti, y tenga de ti misericordia; Jehová
alce sobre ti su rostro, y ponga en ti paz* (Números 6:25-26
RVR). Lo que él o ella te dicen es: "Que otros vean la gloria de Dios brillando sobre y a través de ti".

¿Puedo animarlo a hacer algo? Cuando salga del hogar para enfrentar el día, pídale al Señor que haga brillar su rostro sobre usted. Pídale que alce su rostro sobre usted y le dé paz. Que su gloria brille sobre usted, como lo hizo con Moisés. Entonces, permita que esa luz y esa gloria brillen en y sobre su vida, para que los demás la vean y glorifiquen a su Padre que está en los cielos.

Permitir que su luz brille puede ser tan sencillo como dejar que una sonrisa irradie su cara. Esa es una manera de "accionar el interruptor de la gloria de Dios". La luz de la gloria de Dios está en usted, pero si nunca la muestra exteriormente, la gente que lo contacte nunca será bendecida. Es asombroso lo que puede ocurrir si sencillamente sonríe, es considerado y amable con la gente. Muestre misericordia y favor de manera tan frecuente como pueda, y a tantas personas como le sea posible. Al hacerlo, usted también recibirá su favor porque se nos dice que lo que sembramos, eso cosechamos (Gálatas 6:7 RVR). Cuando favorecemos a otros, recíprocamente somos favorecidos.

Bendecidos para bendecir

Lo animo a que ore pidiendo el favor sobrenatural; hágalo cuando termine este capítulo. Ore por favor ante y con quienes entra en contacto diario. Que donde quiera vaya, sea favorecido en cada lugar. También recuerde orar para que otros disfruten el favor de Dios. El Señor le dijo a Abraham que lo bendeciría y que sería una bendición para otros (Génesis 12:2).

Por ejemplo, cada vez que entro a un restaurante, oro: "Señor, te doy gracias porque tengo tu favor en este lugar.

Te pido que me bendigas y conmigo a todos los que están aquí". Generalmente recibo mejor servicio, mejor comida y mejor trato. Si usted pone a prueba lo que le estoy diciendo, y no le da resultado, no se desanime. La Biblia dice que habrá tiempos cuando los creyentes serán perseguidos. Debemos mantener cada mensaje y enseñanza en su debido balance.

Debo admitir que hay veces cuando oro pidiendo gracia (favor) en cierto lugar, y no soy bien tratada, después de todo. Pero la gran mayoría de veces obtengo buenos resultados de esta práctica. También creo que la manera como reaccionamos y nos comportamos en los momentos en que no somos bien tratados, determina qué tanto de esta enseñanza practicamos en nuestra vida. Cuando se encuentre en una situación durante la cual las cosas no marchan como le gustaría, ore y pídale al Señor que le ayude a permanecer firme bajo la presión, y a mantener una buena actitud para que así él sea honrado y glorificado.

Dondequiera que vaya, ore y pida que el favor divino esté sobre todas las personas involucradas: sobre usted y sobre los demás. Si lo hace, el favor sobrenatural reposará sobre usted, y será bendecido para ser bendición.

5

Una actitud de agradecimiento

Pienso que todos lo sabemos, pero regularmente necesitamos que se nos recuerde regularmente que Dios desea personas agradecidas, y no murmuradoras, quejumbrosas, criticonas y lamentadoras.

Es interesante notar, al estudiar la historia de la nación de Israel, que este tipo de actitud negativa fue el mayor problema que los hizo andar errantes por el desierto durante 40 años, antes de entrar a la tierra prometida. Nosotros podemos darle muchos nombres a esa actitud, pero Dios la llamó incredulidad.

El pensamiento o la actitud de Dios es que, si sus hijos realmente creemos y confiamos en él, no importa lo que ocurra en nuestras sus vidas, sabemos que él es lo suficientemente grande para manejarlo y para hacer que obre para nuestro bien, si continuamos teniendo fe y confianza en él. La paz y la alegría se obtienen por creer, no por murmurar, quejarse, criticar o lamentarse.

Esta es una lección que necesitamos aprender con tanta urgencia como el pueblo de Israel. Y la experiencia que nos ayudará a comprenderla es una revelación de la gracia de Dios.

Revelación concerniente
a la gracia de Dios

**Ahora bien, a un jornalero su salario no se le cuenta
como un favor o un regalo, sino como obligación (algo
que se le debe)**

(Romanos 4:4).

De este versículo se infiere que si una persona trabaja
por un salario, cuando llega el día de pago realmente no
está agradecida por lo que recibe porque siente que lo
merece, pues ya que lo ha ganado.

Este es un buen ejemplo de lo que la Biblia llama
"obras" (Romanos 4:2). Las obras son exactamente lo contrario de la gracia, la cual hemos definido como el favor
inmerecido, dado por Dios sobre todos aquellos que no lo
han ganado y que, por lo tanto, no lo merecen.

No hay nada que pueda hacer a una persona más arrogante y orgullosa que considerar la recompensa de sus
propias obras. Y no hay otra cosa que haga que una persona sobreabunde en gratitud y acción de gracias, que la
revelación de la gracia de Dios que ha sido derramada
gratuitamente sobre ella.

Si usted y yo pensamos que merecemos lo que recibimos de Dios debido a que lo hemos ganado por nuestras
buenas obras (nuestra mucha oración, la lectura diaria de
la Biblia, el diezmo regular o las ofrendas sacrificiales, o
la habilidad de producir el fruto del Espíritu), entonces,
no tendremos una actitud agradecida. Por el contrario,
vamos a pensar que cualquier bendición recibida de Dios
es prueba de nuestra santidad y justicia personal. En consecuencia, tal actitud orgullosa y de autojustificación nos
hará mirar con una reacción despectiva y condenatoria a
otros que no parecen estar tan bendecidos como nosotros.

Con demasiada frecuencia en el cuerpo de Cristo miramos a las personas que están pasando por tiempos difí-

ciles y pensamos: "Si ellos hicieran lo que yo hago, no tendrían todos esos problemas". Aunque puede haber un elemento de verdad en dicha afirmación, debemos recordar lo que el Apóstol Pablo dijo de sí mismo: *Soy lo que soy por la gracia de Dios* (1ª de Corintios 15:10).

Permítame darle un ejemplo personal sobre cómo podemos desarrollar una mala actitud, si damos cabida al orgullo por nuestras propias habilidades, y por nuestros logros y realizaciones.

Yo solía tener una actitud realmente arrogante y enjuiciadora hacia cualquier persona que tuviera una personalidad más débil que la mía. Miraba despectivamente a cualquiera que no tenía una determinación para triunfar como la mía, y a quien no pudiera enfrentar y manejar los problemas físicos, mentales o emocionales que yo enfrento y manejo con éxito. Finalmente, el Señor se salió del camino para hacerme comprender que, como en el caso de Pablo, todo lo que soy se debe, no a mi gran fortaleza y poder, sino a su gracia y misericordia. Me mostró que si él retirara esa gracia y misericordia por un momento, no podría continuar siendo la persona que yo creía ser, y de la cual me sentía orgullosa.

Una actitud de gratitud

Como ya lo he compartido varias veces, antes de que el Señor me diera una revelación de su gracia, estaba completa y miserablemente frustrada. ¿Cuál era la razón? Porque no sabía cómo permitir que Dios me ayudara con mis problemas. La claridad me vino cuando el Señor comenzó a enseñarme acerca del ministerio del Espíritu Santo en la actualidad.

Como ya lo he mencionado, uno de los 25 nombres usados para referirse al Espíritu Santo en la Biblia es: Espíritu de Gracia y de Súplica. Así pues cuando hablamos del Espíritu Santo, estamos hablando del Espíritu de Gracia, es decir, del poder de Dios que llega a nuestra vida para que enfrentemos cada tendencia pecaminosa, y para ayudarnos a resolver cada problema que enfrentemos.

Hemos dicho que cada bendición que nos llega en esta vida viene por la gracia de Dios. Hasta que no reconozcamos esta verdad, no seremos el tipo de personas agradecidas que Dios quiere.

Aun nosotros los cristianos somos susceptibles, como seres humanos, al egoísmo y a la ingratitud. A veces oramos, creemos y confiamos en Dios acerca de alguna cosa, y hasta somos agradecidos cuando la recibimos. Pero esa gratitud no nos dura mucho, y más bien esperamos seguir recibiendo sin mucho agradecimiento. Incluso llegamos a desarrollar una actitud de exigencia en nuestra relación con el Señor. Podemos llegar a estar molestos e irritados cuando el Señor no nos "entrega" todas las cosas a las cuales creemos tener derecho "como hijos del Rey". Como sus hijos, sí te-nemos derechos, y somos poseedores de una herencia, pero la actitud humilde es un "imperativo" de la vida cristiana. Sin humildad no seremos apreciativos. Todo lo contrario, nuestra actitud será insolente y atrevida.

Me gusta usar la siguiente ilustración como un ejemplo de cuán fácil y rápidamente podemos ser presa de una mala actitud. Podemos pedir y confiar en Dios para que nos dé una casa más grande y aun estar agradecidos cuando la recibimos. Pero en cosa de unos pocos meses, quizás estemos afligidos y quejándonos por tener ahora que limpiar esa "inmensidad de casa".

Usted y yo tenemos múltiples oportunidades para quejarnos regularmente. Pero todo lo que hace las queja es abrirle la puerta al enemigo. No resuelve nada, y en cambio crea y abona el terreno para problemas mayores.

En este capítulo quiero animarlo a que se una conmigo para abramos el corazón, y dejemos que el Señor nos enseñe cómo permitirle al Espíritu Santo, el Espíritu de gracia y de súplica, que venga a nuestras vidas y nos ayude en el diario caminar.

Aprendamos a responder ante la ayuda que ya estamos recibiendo sin merecerla, desarrollando una actitud de gratitud. No se trata de dar gracias ocasionalmente, sino de convertirlo en un estilo de vida, en una continua y permanente acción de gracias. La persona que ha desarrollado una "actitud de gratitud" es aquella que agradece cada cosa que Dios hace en su vida, día tras día.

Una vida de acción de gracias

Jesús levantando los ojos al cielo dijo: Padre, gracias te doy porque me has oído

(Juan 11:41).

Aquí vemos un buen ejemplo de Jesús dando gracias a Dios. Cuando ore, lo animo a que finalice sus oraciones como él lo hizo: "Padre, te doy gracias porque me has oído".

Lo animo a hacer esto por lo que nos dice el Apóstol Juan, que si sabemos que Dios nos ha oído, *sabemos que tenemos las peticiones que le hayamos hecho* (1ª de Juan 5: 14-15). El diablo quiere que al orar, finalicemos preguntándonos si después de todo Dios nos habrá oído, y si estará dispuesto a darnos lo que le pedimos. La forma de vencer esa duda es levantando la voz de la acción de gracias (Salmo 26:7 y Jonás 2:9).

Parte del poder de la oración es la acción de gracias porque no hay una vida de poder separada de una vida de acción de gracias.

Durante su ministerio terrenal, Jesús vivió tal estilo de vida. Él le dio gracias al Padre en muchas ocasiones y por muchas cosas. Por ejemplo, por revelarle la verdad a los niños, y haberla escondido de los sabios y de los entendi-

dos (Mateo 11:25). Dio gracias cuando partió los panes y
los peces para alimentar a cuatro mil personas (Mateo
15:36). Elevó su voz de acción de gracias cuando tomó los
cinco panes y los dos peces para alimentar a cinco mil
(Juan 11:6). Y también expresó su agradecimiento cuando compartió el pan y el vino con sus discípulos en la última Cena (Marcos 14: 22). Ahora que hemos visto algunas
de las cosas por las cuales Jesús le dio gracias a Dios, echemos un vistazo a lo que Pablo tiene que decirnos sobre la
acción de gracias.

Pablo y la acción de gracias como un estilo de vida

**No se inquieten ni estén ansiosos por nada, sino que
en cada cosa y en cada circunstancia, háganle saber a
Dios mediante la oración (y peticiones definidas) todos
sus deseos**

(Filipenses 4:6).

Aquí el Apóstol Pablo nos dice cómo vivir libres de
ansiedades y preocupaciones, siguiendo un estilo de vida
de permanente acción de gracias.

Durante muchos años se me enseñó (y yo lo creí, pues
nunca me molesté en investigar si era cierto o no, o en
consultar al Señor al respecto) que cada vez que le pedía
a Dios alguna cosa, inmediatamente debía empezar, en
forma automática y repetitiva, a darle gracias porque la
respuesta ya estaba en camino. Se me dijo (y yo lo creí),
que si lo hacía así, no había manera de que el diablo pudiera impedir que recibiera lo que le había pedido al Señor en oración. También se me dijo (y yo lo creí) que si no
mantenía un constante bombardeo de acción de gracias
por dicha bendición, no la recibiría.

Como muchos creyentes en la actualidad, tenía la convicción de que ser agradecido por lo que había le pedido
a Dios en oración, era la mayor fuerza que me traería esa
bendición.

Este pasaje escritural podría referirse al agradecimiento por lo que pedimos en oración, y quizás, en efecto, se refiera a eso. Sin embargo, hace unos pocos años el Señor me dio una visión al respecto, un poquito diferente, la cual deseo compartir con usted. Lo que el Señor me enseñó es que cuando vamos a él en oración pidiéndole que supla nuestras necesidades presentes, él desea que seamos agradecidos por lo que *ya ha hecho*. Me mostró que su mayor deseo no es un *acto*, sino una *actitud* de acción de gracias. Él quiere que le agradezcamos continuamente las cosas que ha hecho en el pasado, las que está haciendo en el presente, y las que hará en el futuro. Entonces, cuando vamos a él con una necesidad, esta es sencillamente una de las cosas que ya mencionamos durante nuestra oración de acción de gracias. Yo creo que definitivamente nuestra alabanza y nuestra acción de gracias deben ser más abundantes y generosas que nuestras peticiones.

San Pablo habló de esta clase de vida cuando escribió acerca de *dar siempre gracias por todo al Dios y Padre, en el nombre de nuestro Señor Jesucristo* (Efesios 5:20 RVR). De igual modo habla cuando escribe a los Tesalonicenses: *Dando gracias (a Dios) en todo (no importa cuales sean las circunstancias, sean agradecidos), porque esta es la voluntad de Dios para ustedes (quienes están) en Cristo Jesús (revelador y mediador de esa voluntad)* (1ª de Tesalonicenses 5:18).

Esta clase de vida con una continua acción de gracias, pone en evidencia un corazón agradecido. El Señor me reveló que si una persona tiene un corazón agradecido por lo que ya tiene, esto indica que es suficientemente madura para recibir otras bendiciones.

"Pero", me hizo notar el Señor, "si una persona siempre está quejándose de lo que ahora tiene, ¿por qué debo molestarme en darle algo más que será motivo de mayor descontento?"

El hecho es que en Filipenses 4:6 Pablo no nos da una fórmula para conseguir de Dios lo que queremos, dándole gracias continuas por ello. Lo que hace es presentarnos un estilo de vida de acción de gracias, una actitud de gratitud que le da gracias a Dios no sólo por lo que hace, sino sencillamente por lo que él es. Recuerde esto siempre cuando presente sus peticiones.

La lista de acción de gracias de Pablo

Y ellos los anhelan mientras oran por ustedes, por causa de la superabundante medida de la gracia de Dios (su favor, misericordia, y bendiciones espirituales que se ven) en ustedes.

Ahora sean dadas gracias a Dios por su (precioso) don indescriptible

(2ª de Corintios 9:14-15).

Como lo hizo Jesús, Pablo le dio gracias a Dios por muchas cosas. Le dio gracias porque la gente lo recibió como a un ministro. Por sus compañeros y colaboradores en el ministerio. Por las iglesias que fundó. Le agradeció por la gente de todas esas iglesias. Aun le dio gracias a Dios porque podía hablar en lenguas. Pero le dio gracias a Dios de manera especial por ser *...quien nos guía siempre en triunfo en Cristo Jesús (como los trofeos de la victoria de Cristo), y a través de nosotros esparce y hace evidente en todas partes la fragancia del conocimiento de Dios* (2ª de Corintios 2:14).

Pero, tal como lo vemos en 2ª de Corintios 9:15, por lo que Pablo estuvo más agradecido, aparte de Cristo mismo, fue por la gracia. ¿Cuál es la razón? Porque sabía que es por la gracia de Dios que recibimos cada detalle, cada bendición que él decide derramar sobre nosotros.

Usted y yo tenemos muchísimas cosas por las cuales estar agradecidos en esta vida. El problema radica en que caemos en el mal hábito de considerarlas como un hecho corriente y normal. Y la razón para pensar así es que casi nunca nos vemos abocados a carecer de ellas. Por cuanto estamos tan acostumbrados a tener abundancia de agua limpia y de alimentos saludables, de buena ropa y hermosas viviendas, de transporte cómodo y buena educación, de libertad y seguridad, así como de muchas otras cosas, olvidamos que millones de personas alrededor de todo el mundo no disfrutan estas maravillosas bendiciones. Por eso es que creo que si he-mos de tener una actitud agradecida, nos fijaremos ese propósito. Dios nos ayudará enseñándonos y recordándonos, pero necesitamos desarrollar nuevos hábitos.

Espíritu de gracia y de súplica

Profecía de la palabra de Jehová acerca de Israel. Jehová, que extiende los cielos y funda la tierra, y forma el espíritu del hombre dentro de él, ha dicho:

He aquí que yo pongo a Jerusalén por copa que hará temblar a todos los pueblos de alrededor contra Judá, en el sitio contra Jerusalén.

Y en aquel día yo pondré a Jerusalén por piedra pesada a todos los pueblos; todos los que se la cargaren serán despedazados, bien que todas las naciones se juntarán contra ella.

En aquel día Jehová defenderá al morador de Jerusalén; el que entre ellos fuere débil, en aquel tiempo será como David; y la casa de David como Dios, como el ángel de Jehová delante de ellos.

Y en aquel día yo procuraré destruir a todas las naciones que vinieren contra Jerusalén

(Zacarías 12:1-3, 8-9 RVR).

Y derramaré sobre la casa de David, y sobre los habitantes de Jerusalén, el espíritu de gracia o inmerecido favor y de súplica...

(Zacarías 12:10 AMP).

En este pasaje Dios le dice a su pueblo, los habitantes de Jerusalén, que destruirá a todos sus enemigos y les dará una gran victoria, derramando sobre ellos Espíritu de gracia (o inmerecido favor), y súplica.

No hay manera de vivir en victoria sin una comprensión del Espíritu de gracia y de súplica. Estas dos palabras, *gracia* y *súplica* van juntas por cuanto el Espíritu de súplica es un Espíritu de oración, de petición a Dios por lo que necesitamos, en lugar de pretender conseguirlo por nuestros propios esfuerzos.

Así que lo que Dios nos está diciendo aquí es: "Cuando el Espíritu de súplica viene sobre ti y comienza a orar en fe, entonces el Espíritu de gracia vendrá e inundará tu vida. A través del canal de la oración, y mediante mi poder, ejecutaré en tu vida lo que es necesario hacer, lo cual no puedes lograr solo".

La gente del Antiguo Testamento jamás tuvo este privilegio. Ellos debían obrar, luchar y esforzarse, porque vivían bajo la ley. Y la norma era que si una persona transgredía una parte de la Ley, era responsable de la transgresión de toda ella.

Por eso es que el mensaje de gracia constituye extraordinarias buenas nuevas. Es el mensaje del poder de Dios que llega para darnos libertad sencillamente porque lo creemos y aceptamos. ¿Comprende usted cuán maravilloso es que no tengamos que ser perfectos para conseguir la ayuda de Dios? ¿Que no es indispensable que hayamos hecho todas las cosas de manera correcta todos los días de nuestra vida, para que Dios intervenga a nuestro favor? ¿Que todo lo que debemos hacer es pedir y tener fe en que él hará lo que le pedimos, aunque estemos muy lejos de la perfección? ¿Que lo que necesitamos es acudir confiadamente y sin ningún temor al trono de la gracia de Dios?

El trono de la gracia de Dios

Porque no tenemos un Sumo Sacerdote incapaz de comprender, de simpatizar y de identificarse con nuestras debilidades y flaquezas, y con nuestra vulnerabilidad ante los ataques de la tentación, sino uno que ha sido tentado en todos los aspectos en que nosotros somos tentados, pero sin haber pecado.

Acerquémonos, pues, confiadamente y sin ningún temor al trono de la gracia (el trono del inmerecido favor de Dios para nosotros pecadores), para recibir misericordia (por nuestras faltas y fracasos), y hallar por gracia la ayuda oportuna para cada necesidad (que llegue en el momento en que la necesitamos)

(Hebreos 4:15, 16).

¿No es maravilloso que no tenemos que vivir bajo la Ley, luchando y esforzándonos de manera continua para alcanzar y mantener la perfección, sin la cual no podríamos estar seguros de que Dios actuaría con gracia hacia nosotros y respondiera nuestras oraciones? ¿No es grandioso que podemos venir confiadamente y sin ningún temor ante el trono de la gracia de Dios (el trono de su inmerecido favor hacia nosotros), y recibir la misericordia y la gracia que nos ayuda en nuestro tiempo de necesidad?

Yo he aprovechado ese maravilloso privilegio en numerosas ocasiones.

Varias cosas que Dios ha hecho han cambiado mi vida radicalmente. Una de ellas fue bautizarme con el Espíritu Santo. La otra fue haberme dado una revelación sobre varios pasajes bíblicos relacionados con el asunto de pedir y recibir, el cual ya traté en el primer capítulo de este libro, pero al que deseo referirme brevemente otra vez.

Pidiendo a Dios

¿Qué lleva a la contienda (la discordia y las enemistades) entre ustedes? ¿No proviene de sus deseos sensuales que están siempre combatiendo en los miembros de su cuerpo?

Tienen celos y codician (lo que otros tienen), y sus deseos se mantienen insatisfechos, y se convierten en homicidas (odiar es cometer homicidio de corazón). Arden de envidia y enojo, y no consiguen lo que desean (la gratificación, el contentamiento y la felicidad que bus-

can), y luchan y contienden. No tienen porque no piden
(Santiago 4:1-2).

¿Qué nos hace desgraciados e infelices? ¿Cuál es la causa de nuestras frustraciones? ¿Por qué no podemos llevarnos bien los unos con los otros? ¿Por qué vivimos siempre tan inquietos y agitados? ¿Por qué no podemos caminar en esta vida con paz y alegría? La respuesta es obvia. Porque nuestras vidas no están realmente sometidas y controladas por el Espíritu de gracia y de súplica.

Podemos haber nacido de nuevo y haber sido bautizados por el Espíritu Santo y, aún así, vivir una vida infeliz. Como hemos visto, ni la salvación ni el bautismo del Espíritu Santo son una garantía de una vida victoriosa. Hay otras verdades que debemos aprender y aplicar en nuestra vida para poder vivir victoriosamente. Entre ellas, una de las más importantes es la total dependencia del Señor.

La gran revelación que yo recibí de este pasaje en Santiago, fue el hecho de que no sólo fallaba pidiéndole al Señor lo que necesitaba en mi vida, sino que la totalidad de mi relación con él se basaba en las obras. Tuve que aprender a ir al Señor como si fuera una niñita, echando toda mi ansiedad y preocupación sobre él, en total dependencia, en lugar de procurar ser independiente y hacer las cosas por mí misma.

Una vez que recibí la revelación de descansar en el Señor y pedirle lo que necesitaba, comencé a suplicar por todo en mi vida. En lugar de luchar y agotarme, pedía y dependía. Nada fue demasiado grande o demasiado pequeño para llevárselo al Señor, y para pedirle que se hiciera cargo de ello.

Si mi esposo Dave quería ver un juego de fútbol, y los niños y yo queríamos ver una película, en lugar de empezar una guerra iba a la siguiente habitación y oraba: "Señor, si quieres que veamos esta película en familia, ¿quisieras cambiar por favor el sentir de Dave?" Yo confiaba en que Dios cambiaría el pensamiento de Dave si no era lo correcto, pero si no también estaba dispuesta a aceptarlo.

La Biblia nos dice que en cualquier cosa que tratemos de lograr por nuestro propio esfuerzo, el mismo Dios impedirá nuestro éxito. Él mismo se nos opuso hasta que con humildad vayamos a él, diciéndole: "Padre, yo no puedo manejar esta situación; si quieres que esto se haga, tendrás que hacerlo tú mismo".

Por eso digo que debemos ser *totalmente* dependientes del Señor, y no solamente procurar "pedir y depender" como otra forma de manipulación a fin de conseguir lo que queremos, ya sea de Dios o de otras personas. Tal forma de manipulación, como cualquiera otra obra, sólo produce frustración. La única manera de encontrar paz y gozo verdaderos es echando *todo* lo que requiere el cuidado del Señor sobre él, pidiéndole que lo maneje como a él le parezca mejor hacerlo, y creyendo luego que lo hará. Pídale a Dios lo que desee, pero confíe en él para que le dé lo más conveniente para todos.

El regalo del Espíritu Santo

El espíritu de gracia y de súplica es el Espíritu Santo, un regalo de Dios que se recibe sencillamente pidiéndolo con una actitud de fe y confianza.

> Así que yo les digo, pidan, y continúen pidiendo, y les será dado; busquen, y continúen buscando, y hallarán; llamen, y continúen llamando, y la puerta se les abrirá.
>
> Porque cualquiera que pide y lo hace con insistencia, recibe; y quien busca continuamente, encuentra; y a aquel que llama con persistencia, se le abrirá.
>
> ¿Qué padre hay entre ustedes que si su hijo le pide un pan, le dará una piedra; o si le pide un pescado, le dará una serpiente? ¿O si le pide un huevo, le dará un escorpión?

Si ustedes siendo malos saben dar buenos regalos
(para su beneficio) a sus hijos, ¿cuánto más su Padre celestial dará el Espíritu Santo a los que en forma continua se lo piden?

(Lucas 11:9-13).

Este pasaje en Mateo 7:7-11, dice básicamente lo mismo:

Pidan continuamente y les será dado; busquen permanentemente, y hallarán; toquen (reverentemente) con
insistencia y (la puerta) se les abrirá.

Porque a cualquiera que pide continuamente, recibe;
y quien busca permanentemente, encuentra; y a quien
toca la puerta insistentemente, se le abrirá.

O, ¿qué hombre hay de ustedes que si su hijo le pide
pan, le da una piedra? ¿O si le pide un pescado, le dará
una serpiente?

Si siendo malos, como lo son ustedes, saben dar regalos buenos y convenientes a sus hijos, ¿cuánto más su
Padre que está en los cielos (siendo perfecto, como lo
es) dará cosas buenas y convenientes a todos aquellos
que le piden continuamente?

Ambos pasajes nos dicen que nos mantengamos pidiendo, buscando y tocando a la puerta de manera sistemática y continua, todos los días, siete días a la semana,
durante las 52 semanas del año, para poder recibir continuamente lo que necesitamos.

¿Cuántas veces nos desvelamos durante toda una larga noche luchando con nuestros problemas, perdiendo el
sueño por su causa, en lugar de echar sencillamente lo
que requiere cuidado y las ansiedades sobre el Señor, pidiéndole que supla nuestras necesidades, y confiando
entonces en que él lo hará?

Recuerde lo que dice Santiago 4:2 (RVR), *...no tenéis lo
que deseáis, porque no pedís.* Pero considere también lo que
dice Juan 16:24 (RVR), *...pedid, y recibiréis, para que vuestro
gozo sea cumplido.*

Cuántas veces *procuramos* ser sanados sin pedirle al Señor la sanidad. Y en cuántas ocasiones *tratamos* de ser prósperos sin pedirle a Dios la prosperidad. Y cuán a menudo *nos esforzamos* por manejar nuestros problemas, sin pedirle al Señor que nos los resuelva. Nuestro error está en no pedir ni buscar ni tocar la puerta divina, y en no confiar en nuestro Padre celestial para que nos dé todas las cosas buenas que le hemos pedido.

Ese es el mensaje básico de estos pasajes escriturales. Sin embargo, existe una diferencia importante entre ellos. En Mateo 7:11 el escritor del Evangelio pone en la boca de Jesús la siguiente pregunta: *Si ustedes, siendo malos, saben dar buenos regalos a sus hijos, ¿cuánto más su Padre celestial dará buenos regalos a aquellos que le pidan?* En Lucas 11:13 la pregunta es: *Si ustedes siendo malos saben dar buenos regalos a sus hijos, ¿cuánto más su Padre celestial dará el Espíritu Santo a quienes se lo pidan?*

A menudo utilizamos este pasaje como base para recibir el Espíritu Santo, y eso está muy bien. Pero pienso que este pasaje signfica mucho más que eso. Ambos pasajes dicen que si nosotros siendo malos sabemos dar cosas buenas a nuestros hijos, cuánto más nuestro Padre celestial, quien es perfecto, está dispuesto a bendecir a sus hijos con cosas buenas. La más importante de estas "buenas cosas" que Dios quiere darnos es su propio Espíritu Santo.

El don de Dios, el Espíritu de gracia, es Aquél que trae todas las demás cosas buenas a nuestra vida. Para eso nos es dado el Espíritu, para producir en nuestra vida todo lo que necesitamos.

Esta fue la revelación que hizo tan tremendo impacto en mi vida. Hasta ese momento yo había estado esforzándome intensamente para hacer que las cosas que deseaba ocurrieran, y para satisfacer mis propias necesidades, pero entonces todo se volvió tan sencillo: si necesitaba algo, todo lo que tenía que hacer era pedirlo.

Así que ahora, si necesito ayuda, la pido. En lugar de gastar todo mi tiempo, mis energías y mis esfuerzos para resolver los problemas con mi limitado conocimiento y comprensión, sencillamente le pido al Señor que se haga cargo de ellos, y confío en que él los resolverá de la mejor manera, conforme a su divina voluntad y sabiduría.

Me di cuenta de que el Espíritu Santo tiene un ministerio actualmente, ahora. Eso es lo que Jesús quiso decir cuando le declaró a sus discípulos que era mejor, o más conveniente para ellos, que él partiera, porque entonces el Espíritu Santo, el Consolador, el regalo de Dios, vendría y habitaría en y con ellos.

Ahora, por un momento, echémosle una mirada a este maravilloso regalo llamado el Espíritu Santo.

El Espíritu Santo
como una persona

Y yo rogaré al Padre y él les dará otro Consolador (Consejero, Ayudador, Intercesor, Abogado, Confortador y Compañero Fiel) que permanezca con ustedes para siempre.

El Espíritu de verdad a quien el mundo no puede recibir (darle la bienvenida, recibirlo en su corazón) porque no lo conoce ni lo reconoce. Pero ustedes lo conocen y lo reconocen, porque él vive (permanentemente) con ustedes, y estará en ustedes

(Juan 14:16-17).

Antes de que el Señor me diera esta revelación referente al ministerio actual del Espíritu Santo, yo realmente no comprendía que el Espíritu es una persona. Desde luego sabía que frecuentemente es llamado la tercera Persona de la Trinidad, pero siempre me refería a él como algo impersonal. Me siento muy feliz de poderle decir que el Espíritu Santo es una persona con todos sus atributos como tal.

El Espíritu Santo es un don de Dios derramado sobre nosotros por su gracia, cuando se lo pedimos en oración, el cual recibimos a través del canal de la fe. Su múltiple función como Consolador, Consejero, Ayudador, Intercesor, Abogado, Confortador y Amigo Fiel, puede ser expresada y resumida diciendo que su propósito es llegar justo al centro de nuestras vidas y hacer que ellas obren para la gloria de Dios.

Si usted no sabe mucho acerca de la persona del Espíritu Santo, lo animo para que empiece a estudiar y a descubrir todo lo que pueda sobre él. Porque el Espíritu Santo está en usted, con usted, alrededor de usted y sobre usted. Él quiere involucrarse personalmente en su vida. Le ha sido dado para ejecutar y realizar una serie de cosas en usted, para usted, y a través de usted.

El Espíritu Santo como santificador

No obstante hermanos, les he escrito con un poco de atrevimiento, como recordándoles por la gracia de Dios que me es dada,

Que yo debo ser ministro de Dios a los gentiles, ministrando el Evangelio de Dios, para que ellos sean ofrenda aceptable, santificada por el Espíritu Santo
(Romanos 15:15, 16).

En la traducción que la versión de la Biblia Reina Valera Revisada hace de Juan 14:2, Jesús le dice a sus discípulos: *Voy a preparar lugar para vosotros.* Más tarde, en el mismo capítulo les dice que él rogará al Padre para que les dé otro Consolador que habite con ellos para siempre. Ese Consolador, es por supuesto, el Espíritu Santo.

Creo que así como Jesús fue a preparar lugar para nosotros, también ha enviado el Espíritu Santo a fin de prepararnos para que vayamos a ese lugar.

El Espíritu Santo es Santificador, el agente de la santificación en nuestra vida. Si estudia el tema de la santidad, descubrirá que es imposible que una persona llegue a ser santa sin que tenga una estrecha relación con el Espíritu Santo en su vida. ¿La razón? Porque el Espíritu Santo es el poder de Dios dado para hacer en nosotros, a través de nosotros, y para nosotros, lo que jamás podríamos hacer por nosotros mismos.

Antes de mi revelación jamás había tenido tal comunicación con el Espíritu Santo. Ahora, creo firmemente que debemos orar al Padre en el nombre de Jesús, pero también creo que necesitamos tener comunión con el Espíritu, tal como lo hacemos con el Padre y con el Hijo. Fue a través de mi comunión con él que llegué a comprender su función como Ayudador.

El Espíritu Santo como ayudador

Hemos visto que la palabra *Consolador* utilizada para referirse al Espíritu Santo, puede ser traducida de muchas maneras, de acuerdo a las numerosas y variadas funciones que desempeña en la vida del creyente. Una de estas funciones es la de Ayudador.

Ahora bien, yo jamás había pensado en el Espíritu Santo, la tercera persona de la Trinidad, como mi Ayudador personal. Puedo asegurarle que yo era una mujer que necesitaba muchísima ayuda, pero, ¿crée usted que la pedía? No; tal como lo he dicho en repetidas ocasiones, lo que hacía era esforzarme y procurar hacer las cosas por mi esfuerzo personal. Debido a mi orgullo, terquedad, y determinación de hacerlo todo por mí misma, no me humillaba ante el Señor para pedir su ayuda. No sabía cómo pedirla especialmente en las ocurrencias sencillas de la vida diaria. Cosas tales como arreglarme el cabello, o poner la casa en orden.

Pensaba que nosotros los creyentes sólo podemos acudir a Dios en busca de su ayuda cuando entramos en una situación que sobrepasa nuestro entendimiento y nuestras fuerzas. Creía que nuestro Padre celestial sólo está interesado en intervenir en nuestras vidas cuando enfrentamos problemas enormes y desesperados que están, por así decirlo, dentro de su divina categoría.

Me es imposible expresar cuánto beneficio trajo a mi relación personal con el Señor empezar a descubrir y a comprender que a Dios le preocupa, y está interesado en cada minuto y en cada detalle de mi vida diaria. No puedo describir el impacto que me causó descubrir que él quiere ayudarme en cada circunstancia de mi vida, y que cada vez que me siento frustrada es porque no estoy pidiendo y recibiendo su ayuda.

Todos sabemos que en ocasiones otras personas deben interceder por nosotros ante el Señor para que intervenga en nuestra situación porque nosotros no estamos en capacidad de pedir, o no sabemos cómo hacerlo. Pero viene el tiempo cuando tenemos que asumir la responsabilidad de nuestra propia vida. ¿Por qué Dios no nos ayuda cuando ve que lo necesitamos? Porque el Espíritu Santo es un caballero. Él no interferirá en nuestros negocios personales sin que medie una invitación de nuestra parte. No golpea fuerte nuestra puerta, más bien espera ser invitado para hacerse cargo de la situación.

El Señor me enseñó que quiere ayudarme con las cosas pequeñas de la vida diaria, tales como el arreglo de mi cabello en la forma como yo deseo.

En una ocasión, justamente antes de enseñar una clase bíblica, estaba tan frustrada procurando hacerme unos bucles en mi cabello, que andaba a punto de darme con el cepillo en la cabeza, es decir, estaba sumamente tensionada.

¿Sabía usted que a Satanás le encanta este tipo de cosas? ¿Que se deleita viendo a una mujer madura golpeándose la cabeza con el cepillo porque no puede peinar su cabello como quiere? ¿No sabe que el enemigo se emociona cuando encuentra una cristiana que es demasiado terca y egoísta como para pedirle al Señor que intervenga y le ayude?

En mi orgullo e ignorancia estaba cayendo justamente en las manos del diablo. Pero ese día el Señor estaba determinado a enseñarme algo. Así que cuando todo lo demás falló, me di por vencida y desesperada, oré: "Señor, tú has dicho que no tenemos porque no pedimos; yo te estoy pidiendo que me ayudes a ordenar mi cabello. ¡En el nombre de Jesús, que este manojo desordenado de pelo, quede ondulado. Amén!" Luego traté otra vez. El mismo enrulador metálico, el mismo manojo de cabello, la misma operación. Metí el cabello de nuevo en el ondulador, lo enrollé otra vez, lo volví a sacar, ¡y ya estaba ese hermoso buclecito!

Ahora bien, usted pensará que esta historia es un poquito ridícula, pero tiene su propósito. Algunas veces llegamos a un punto en nuestra vida, o a una situación en la cual, a menos que el Señor intervenga personalmente, no podremos superarla. Quizás usted nunca se haya dado con un cepillo en la cabeza (¡eso espero!), mas puede llegar al punto de sentirse tentado a hacer algo aún más tonto. O más peligroso. Quizás tenga que tocar fondo antes de deponer su orgullo, su ira y su terquedad, para pedirle a Dios que se involucre en su vida.

Esta historia sobre mi cabello ilustra cuán frustrada estaba ese tiempo en mi vida, porque no podía hacer que las cosas funcionaran bien a pesar de mis duros esfuerzos procurando ese objetivo. Ninguna diferencia hacía el hecho de que confesara una gran fe. Tal postura no me ayudaba un ápice a cambiar a mi esposo, mis hijos, o aún a mí misma. A través de esa pequeña y sencilla experiencia con mi cabello, aprendí que mi única esperanza de hacer

cualquier progreso en mi vida radicaba en pedir la ayuda
de Dios. Fue entonces cuando aprendí a estar consciente
de la presencia del Espíritu Santo en mí y conmigo, como
mi Consejero, mi Ayudador, mi Intercesor y Abogado, Consolador y Amigo Fiel.

El Espíritu Santo como
consolador y amigo fiel

Esta última palabra tiene un significado y una aplicación especial en nuestra era moderna del jet. Todos sabemos de los pasajeros de las líneas aéreas que antes de vo-
lar están en "standby" o lista de espera, o espera condi-
cional, frente al empleado de la aerolínea, aguardando la
primera oportunidad de abordar el vuelo inmediato y de
obtener una silla disponible. El Señor utilizó esta escena
y este ejemplo para enseñarme cómo el Espíritu Santo,
como nuestro Standby, Aquél que está frente a nosotros
a toda hora, espera la primera oportunidad para saltar y
darnos la ayuda y la fortaleza que necesitamos, razón por
la cual también se le llama nuestro Ayudador, y nuestro
Amigo Fiel.

Aprendido que la oración más espiritual que podemos
hacer consta de una sola palabra: "¡Ayúdame!" No podría decirle cuántas veces a la semana me detengo en mis
quehaceres diarios para decirle al Señor: "Ayúdame,
fortaléceme. Sé que estás aquí a mi lado, porque la Biblia
me promete que tú siempre estás a mi lado para ayudarme y fortalecerme en cualquier situación de mi vida".

Si alguna vez tendremos la victoria real, si alguna vez
disfrutaremos la vida abundante que Cristo nos proveyó
con su muerte, debemos aprender la sencilla verdad bíblica de que no tenemos, porque no pedimos. Al prolon-
gar nuestros esfuerzos para hacer todo a nuestra manera
y con nuestras fuerzas, no sólo nos frustramos nosotros,
también frustramos la gracia del Espíritu Santo, porque

es parte vital de su ministerio ayudar y fortalecer a todos aquellos que sirven al Señor. Él ha sido enviado a ministrarnos la gracia.

Estoy convencida de que mucha de nuestra frustración en la vida viene por recibir la ayuda y fortaleza que el Espíritu Santo constantemente busca darnos. Cada día estoy aprendiendo más y más a evitar la frustración aprovechando la siempre presente Fuente de ayuda y fortaleza.

A veces, cuando predico y enseño día tras día, o noche tras noche, llego a estar tan agotada que tengo que orar: "Señor, ayúdame. Necesito tu fortaleza". Ha habido ocasiones cuando he dirigido siete reuniones en cuatro días. Con frecuencia me he encontrado tan cansada que me ha sido necesario recordar que mi ayuda viene del Señor, y reclamar su promesa de que los que esperan en él tendrán nuevas fuerzas (Salmo 121:2; Isaías 40:31). En tales momentos siempre recibo la ayuda y fortaleza que necesito para finalizar el trabajo que Dios me ha dado.

Pero estar al lado para proveer ayuda y fortaleza es una de las funciones del Espíritu Santo. Otra es la de Maestro, Guía o Consejero.

El Espíritu Santo
como consejero

Pero el Consolador (Consejero, Ayudador, Intercesor, Abogado, Confortador y Amigo Fiel), el Espíritu a quien mi Padre enviará en mi nombre (en mi lugar, para representarme y actuar en mi nombre), él les enseñará todas las cosas. Él les recordará (traerá a su memoria) todas las cosas que yo les he dicho

(Juan 14:26).

¡Cuán a menudo nos frustramos tratando de resolver algún problema! ¡Cuántas veces corremos en busca de alguien que nos dé consejo y orientación para luego sentir mayor frustración cuando nos damos cuenta de que esa persona no sabe más ni tiene una percepción más clara de la situación de la que nosotros podemos tener!

Ahora bien, no estoy diciendo que nunca deberíamos buscar consejo y orientación de otras personas, especialmente de quienes tienen una capacitación y un entrenamiento en esta área. Lo que quiero decir es que necesitamos ser guiados por el Espíritu Santo, aun cuando buscamos el consejo y la guía de otras personas.

Nosotros los creyentes debemos recordar que el Espíritu Santo es nuestro Consejero. En mi propia vida he aprendido que si no sé cómo hacer algo, o cómo manejar cierta situación, sencillamente digo: "Espíritu Santo, enséñame, aconséjame".

Debo ser honesta con usted. Mi esposo Dave y yo somos personas comunes y corrientes que no tenemos idea de cómo dirigir un ministerio como el nuestro. Sin la ayuda de Dios no tendríamos esperanza de ser aptos para hacer lo que hacemos. No puedo decir cuántas veces le decimos al Señor: "Padre, muéstranos el camino, aconséjanos, ayúdanos, fortalécenos. Espíritu Santo, este es tu ministerio, y nosotros te hacemos completamente responsable de él. Guíanos por el camino por el cual que debemos ir".

Cuando usted somete y entrega una situación al Señor, entonces, déjela en sus manos. No continúe tratando de manejarla por su cuenta, con su fuerza y su sabiduría. Si lo hace, no funcionará. Se lo digo por experiencia. Sólo lo hará sentir más frustrado e infeliz. Confíe en el Señor completamente. Deje que el Consolador, el Espíritu de verdad, lo guíe a toda verdad (Juan 16:13 RVR). Para eso nos fue dado a usted y a mí.

El Espíritu de paz

Mi paz les dejo. Les doy ahora la herencia de mi (propia) paz. La paz que yo les doy no es como la que el

mundo les da (que sus corazones no se turben, ni estén temerosos. Dejen de agitarse e inquietarse, y no teman, no se acobarden ni se intimiden)

                                                    (Juan 14:27).

Fue en el versículo anterior a este que Jesús les dijo a sus discípulos que el Espíritu Santo, a quien el Padre enviaría en su nombre, les enseñaría todas las cosas, y les recordaría todo lo que él les estaba diciendo. Este es también uno de los roles o funciones del Espíritu Santo en la vida del creyente, una parte de su ministerio a nuestro favor.

No existe manera de que usted y yo podamos vivir en paz en este mundo si no sabemos cómo recibir de manera sistemática el ministerio del Espíritu Santo. La razón es que sin él trataremos de vivir por las obras y no por la gracia. Y como Pablo nos ha enseñado, éstas y la otra no tienen nada que ver entre sí. Si queremos vivir en paz, entonces tenemos que dejar a un lado las obras, y depender y descansar totalmente en la gracia de Dios. Debemos confiar en su Espíritu Santo como nuestro Consejero, quien nos guiará a toda verdad y nos recordará todas las cosas, proveyéndonos una memoria santa.

¿Se imagina cuánta paz podemos tener si cesamos en nuestra pretensión de resolver por anticipado todos nuestros problemas y de saber todo lo que necesitamos hacer y decir ante cada situación que enfrentamos en la vida?

Si usted es como yo, seguramente procurará prepararse muy bien para cada situación que enfrente en el futuro. Probablemente planea y ensaya cada palabra que debe decir en cada entrevista y conversación.

Jesús nos dice aquí que no tenemos que hacer tal cosa. Nos está diciendo que confiemos todo al Espíritu Santo quien nos guiará y nos dará su dirección. Cuando tenemos que tomar decisiones cruciales, resolver problemas complicados, o confrontar gente difícil, él decidirá el tiempo apropiado u oportuno, y la mejor manera de hacerlo. Nos dará las palabras correctas que debemos decir (Mateo 10:19-20). Hasta entonces, hasta que ese momento llegue, no tenemos que preocuparnos por ello.

Si escuchamos lo que el Señor nos dice aquí en este pasaje, no solamente tendremos más paz, sino que disfrutaremos un mayor éxito en todo. Porque cuando llegue el momento de hablar, lo que salga de nuestra boca será sabiduría espiritual de Dios y no algo que surge en el momento de nuestra mente carnal.

Pero a fin de disfrutar ese tipo de paz y seguridad, tenemos que aprender a confiar en el Espíritu Santo. Y la forma como aprendemos a confiar es acercándonos a él, conociéndolo y teniendo comunión íntima con él.

Comunión con el Espíritu Santo

Sin embargo, lo que les digo es estrictamente la verdad, es provechoso (bueno, ventajoso, conveniente) para ustedes que yo me vaya. Porque si yo no me fuere, el Consolador (Consejero, Ayudador, Abogado, Intercesor, Confortador y Amigo Fiel) no vendría a ustedes (para tener una estrecha relación y comunión); pero si yo me voy, lo enviaré (para que tenga comunión con ustedes)
(Juan 16:7).

Aquí en este último versículo de nuestro estudio sobre el ministerio del Espíritu Santo, miraremos como Jesús dice que nos es dado para que tengamos estrecha comunión con él, y él con nosotros.

Antes de terminar con este tema, me gustaría poner ante usted un reto, o motivarlo para que haga dos cosas: Primero, lo animo para que tome la versión de *La Biblia Amplificada* y estudie asiduamente cada una de las palabras de San Juan 16:7-11 las cuales describen el ministerio del Espíritu Santo, y se pregunte a sí mismo: "¿Le estoy permitiendo al Espíritu ser mi Consolador personal, Consejero, Ayudador, Abogado, Intercesor, Confortador y Amigo Fiel, o estoy procurando asumir ese papel? ¿Estoy dependiendo de la gracia de Dios o de mi esfuerzo propio?"

Segundo, lo animo para que entre en una estrecha relación y comunión con el Espíritu Santo. Cuando despierte en la mañana, salúdelo con un 'Buenos dias´. Dígale: "Cuento contigo Espíritu divino en este día. Tú conoces mis necesidades y mis flaquezas. Guíame y dirígeme a toda la verdad. Fortaléceme en cada cosa donde pongo mi mano. Ayúdame a evitar la tentación y a resistirla, y a enfrentar cada reto que se me presente. Dame las palabras que debo decir, y muéstrame el camino por donde debo caminar en este día, para la gloria de Dios el Padre, amén".

Luego ore a Dios y dígale: "Te pido el ministerio del Espíritu Santo en toda su plenitud en el día de hoy. Te ruego que proveas todo lo que necesito a través de la presencia de tu Espíritu Santo quien está conmigo, y vive en mí. Oro en el nombre del Señor Jesús, amén".

Abriendo el camino para que Dios Obre

Y a Aquel que es poderoso para hacer todas las cosas mucho más abundantemente de lo que pedimos o entendemos, según el poder que actúa en nosotros,

a él sea gloria en la iglesia en Cristo Jesús por todas las edades, por los siglos de los siglos. Amén
(Efesios 3:20-21).

Este pasaje escritural resume la totalidad del mensaje que le estoy presentando en este libro.

Aunque usted y yo tenemos que hacer la petición, es el poder de Dios el que realiza la acción.

Dios puede hacer muchísimo más de lo que nuestro conocimiento e imaginación nos permite pedir. Esa es otra razón por la cual nos da su Espíritu Santo para que esté con nosotros y viva en nosotros, y para enseñarnos cómo y porqué pedir.

Lo animo para que abra el canal mediante el cual Dios puede moverse en su vida de una manera potente y poderosa. Pida, hágalo persistentemente, y continúe pidiendo para que su gozo se cumpla y sea total (Juan 16:24).

Pida

Mis hermanos, tomen con gozo las pruebas o tentaciones de cualquier tipo, cuando ellas lleguen.

Comprendan y estén seguros que la prueba de su fe produce paciencia y los hace más resistentes e inmutables.

Pero que la paciencia, y la resistencia y la inmutabilidad hagan su obra completa, para que ustedes sean (creyentes) perfectos y maduros (sin defectos), sin que les falte cosa alguna.

Si a alguno de ustedes le falta sabiduría, pídala a Dios quien da a todos con liberalidad y de buena gana y manera, sin hacer reproches o echarnos en cara nuestras faltas, y le será dada.

Sólo que debe pedir con fe, sin vacilaciones y sin dudas. Porque el que duda y vacila es como las olas del mar que son llevadas por el viento de aquí para allá.

Quien tal haga, no piense que recibirá cosa alguna (pedida) del Señor

(Santiago 1:2-7).

En este pasaje Santiago nos habla sobre la manera de reaccionar ante las diferentes pruebas y tentaciones que enfrentamos en la vida. Nos dice que tales cosas producen en nosotros resistencia, inmutabilidad y paciencia. Afirma que debemos permitir que estas cosas hagan en nosotros una obra completa, de tal manera que al salir de ellas seamos más fuertes y mejores de lo que éramos.

Luego nos muestra el camino a seguir si alguno de nosotros tiene falta de sabiduría y no sabe que hacer en medio de las pruebas y las tentaciones. ¿Qué dice el Apóstol que debe hacer tal persona? ¿Pasar toda la noche impaciente y preocupada? ¿Correr donde los amigos y vecinos para pedir su consejo?

No; Santiago dice que "¡pida!"

Ese es el primer punto importante. Que no debemos impacientarnos, preocuparnos, o correr en busca de la ayuda de otras personas, sino pedir.

El segundo punto es de igual importancia ¿A quién hemos de pedir? Le pedimos al "Dios dadivoso". Él es dador por naturaleza. Y nos da sin echarnos en cara nuestras faltas. Para mí estas son noticias extremadamente buenas.

Y el tercer punto es igualmente vital. ¿Cómo hemos de pedir? "Con fe" ¿Por qué debemos pedir al Dios dadivoso en fe? *...porque sin fe es imposible satisfacerlo y agradarlo. Porque quien quiera que se acerque a Dios debe (necesariamente) creer que él existe, y que recompensa a quienes lo buscan con decisión y diligencia* (Hebreos 11:6).

El cuarto punto es pedir con fe y sin dudar. Uno debe determinar y ser firme en lo que cree, y no andar con vacilaciones.

Santiago nos dice que Dios es dadivoso, quien da a todos de buena gana y con liberalidad, sin hacernos reproches o echarnos en cara nuestras faltas. Eso significa que cuando vamos a él pidiendo su ayuda, no nos la niega porque hayamos cometido alguna falta. La razón por la cual no recibimos no es porque no merecemos lo que pedimos, sino porque no pedimos con fe, porque hemos perdido nuestra confianza, o porque somos vacilantes, e incrédulos.

De acuerdo con lo que dice el apóstol Santiago, ¿qué clase de Dios es el nuestro?

Él es "dadivoso".

¿Cómo nos da?

"Con liberalidad y sin hacernos reproches".

¿A quién le da?

"A todos".

¿Cuál es su actitud al dar?

"No nos hace reproches ni echa en cara las faltas".

Santiago 1:5 en la versión de la Biblia *Reina Valera Revisada,* dice: *Y si alguno de vosotros tiene falta de sabiduría, pídala a Dios, el cual da a todos abundantemente y sin reproche, y le será dada.* Sin *reproche,* según el diccionario, significa sin reprender, sin echar en cara, sin reprobar o censurar.

Así que podríamos parafrasear este versículo, diciendo: "Si usted tiene falta de sabiduría, pídala a Dios quien la da a todos con liberalidad, sin regaños y sin críticas mordaces por las faltas cometidas, porque él quiere ayudarlo aun cuando usted no haya hecho todas las cosas de manera correcta".

Como ya hemos visto, la vasta mayoría de personas permite que Dios les ayude sólo cuando piensan que lo merecen. Yo sé que eso es cierto porque durante un tiempo de mi vida esa era mi forma de actuar. Durante muchos años sólo le permitía a Dios ayudarme cuando pensaba que me había ganado su ayuda, que había hecho las suficientes buenas obras para merecerla. Tal manera de pensar no produce una actitud de gratitud o de acción de gracias. Porque si pensamos que merecemos lo que recibimos, entonces ya no es un regalo, sino una recompensa o un pago "por los servicios prestados". La diferencia entre recibir lo que no merecemos, y lo que merecemos, es la diferencia entre la gracia y las obras.

Por eso es que Dios no nos permitirá manifestar total perfección en esta vida. Porque si lo hiciéramos, ya no dependeríamos más de él. Ya no habría necesidad de más gracia y misericordia.

Eso no quiere decir que no debamos dirigir todos nuestros esfuerzos hacia la meta de la perfección; significa que jamás la alcanzaremos en su plenitud hasta que él regrese para llevarnos a morar con él en nuestro hogar celestial. Usted y yo siempre necesitaremos de Dios y su gracia en nuestras vidas, siempre le daremos gracias y alabanzas.

La acción de gracias precede a una vida de poder

Por lo tanto, por medio de él, ofrezcamos a Dios constantemente y a toda hora, sacrificio de alabanza, es decir, fruto de labios que con gratitud reconocen, confiesen y glorifiquen su nombre

(Hebreos 13:15).

La acción de gracias, la gratitud y la alabanza, son predecesoras de una vida de poder. La alabanza es un "relato", una "narración", o la descripción de algo que ha ocurrido en la vida de una persona. Es "la genuina confesión de los hechos de nuestra vida que glorifican a Dios".

En otras palabras, si continuamos pidiéndole a Dios, y recibiendo su gracia y poder, estaremos tan asombrados que siempre tendremos un relato para contar acerca de las cosas maravillosas que está haciendo por nosotros, cosas que no merecemos. Nuestras bocas se convertirán en fuentes de alabanza que reconocerán las cosas buenas que el Señor está haciendo en nuestras vidas día tras día.

Como vemos en Hebreos 13:15, estaremos constantemente y a toda hora ofreciendo a Dios sacrificio de alabanza, el fruto de nuestros labios que con gratitud reconoce, confiesa y glorifica su nombre.

¡A él sean el honor, y la alabanza, y la gloria, ahora y para siempre!

6

Viviendo por gracia una vida santa

Pero por la gracia de Dios soy lo que soy; y su gracia no ha sido en vano para conmigo, antes he trabajado más que todos ellos; pero no yo, sino la gracia de Dios conmigo *(1ª de Corintios 15:10 RVR).*

Hemos visto que en Gálatas 2:21 (RVR), Pablo dice: *No desecho (o no frustro) la gracia de Dios...,* queriendo decir que no substituyó por obras el don de la gracia de Dios.

Aquí en este versículo Pablo dice que él es lo que es, no por sus propios esfuerzos, sino por la gracia de Dios, y agrega que esa gracia no le fue conferida en vano.

En vano aquí significa "inútilmente", o "sin propósito". Dios no nos confiere su gracia sin razón, o sin un propósito real en mente. La gracia de Dios no se nos concede para que nos gocemos, sino para capacitarnos con poder a fin de que hagamos algo con ella.

Hemos definido la gracia como un favor inmerecido. Ese es un aspecto de ella, probablemente del que más estamos acostumbrados a escuchar, y es algo maravilloso. Pero también hemos visto que es mucho más que eso. La gracia es poder; el poder del Espíritu Santo que entra en nuestra vida y para vencer y someter nuestras tendencias pecaminosas. Si esto es cierto, entonces todos los que hemos recibido "abundancia de gracia" (Romanos 5:17 RVR), debemos estar en capacidad de vivir una vida santa.

Sean santos

(Vivan) como hijos obedientes (a Dios); no se conformen a los deseos pecaminosos que tenían (y los gobernaban a ustedes) en su anterior ignorancia (cuando no sabían los requerimientos del Evangelio).

Sino como Aquel que los llamó es Santo, sean ustedes también santos en toda su conducta y manera de vivir.

Porque está escrito: Deben ser santos, porque yo soy santo

(1ª de Pedro 1:14-16).

Resulta obvio por la lectura de este pasaje que Dios espera que sus hijos sean santos, así como él es Santo. Esta palabra *santo*, es pequeña en tamaño, pero grande en importancia. Dice mucho a pesar de ser tan pequeña.

¿Qué significa ser santo? ¿Qué es la santidad? Básicamente la *santidad* quiere decir, "separado para Dios", separación que debe producir como resultado "una conducta digna de todos aquellos que son separados".

Todos los que hemos puesto nuestra fe en Jesucristo como Salvador y Señor, somos llamados *santos* en la Palabra de Dios. Como los santos, se supone o se espera que representemos al Santo de los Santos, quien nos llamó y nos separó del mundo para él, por su designio y propósito (Romanos 8:28).

Nuestro santo ayudador

Al Espíritu Santo se le da ese nombre por una razón. A veces estamos tan acostumbrados a escucharlo que olvidamos lo que realmente significa. Es llamado Santo porque eso es lo que es, y su propósito al vivir en nosotros es hacernos santos también.

Pero mientras Dios quiere y requiere que seamos santos, él comprende nuestra debilidad e incapacidad. Sabe que sin su ayuda jamás podremos ser lo que quiere que seamos, ni hacer lo que quiere que hagamos. Por eso es que envió su Espíritu (el Consolador, Consejero, Ayudador, Intercesor, Abogado, Confortador y Amigo Fiel) para ayudarnos en la realización de su designio y propósito para nosotros.

He dicho que Jesús fue a preparar un lugar para nosotros y que el Espíritu Santo fue enviado a prepararnos para habitar ese lugar. Eso no lo dice textualmente la Escritura, pero es escritural, es decir, una verdad basada en la Palabra de Dios. El proceso por medio del cual el Espíritu Santo nos hace santos, o nos lleva a la santidad, es llamado santificación.

La santificación

Santificación es una palabra que se encuentra a través de todo el Nuevo Testamento. Se refiere sencillamente al proceso que Dios utiliza para llevar a cabo una obra en nosotros, es decir, mediante su Espíritu hacernos más y más santos hasta que finalmente lleguemos a ser como su Hijo Jesús.

El final de este proceso nunca ocurrirá mientras estemos en estos cuerpos terrenales. Pero usted y yo no necesitamos preocuparnos por eso. Lo único que nos debe interesar es que haya progreso. La pregunta que debemos hacernos es: ¿Estamos progresando en la ruta hacia la santidad? ¿Estamos cooperando con el Espíritu Santo y permitiéndole realizar lo que él quiere en nuestra vida?

Como creyentes no necesitamos estar ansiosos con relación a nuestra santidad, o al progreso de nuestra santificación, pero sí debemos ser serios en relación con él. Debemos reconocer que es la voluntad de Dios para nosotros. Debemos desearlo con todo nuestro corazón. Estamos para hacer cualquier esfuerzo de cooperación con el Santo Espíritu, quien está obrando para que ese proceso avance en nosotros día tras día.

Pero, si no debemos *preocuparnos* en relación con la santidad, tampoco debemos tener una actitud liviana hacia el pecado.

La gracia no es una licencia para pecar

Pero la ley se introdujo para que el pecado abundara; mas cuando el pecado abundó, sobreabundó la gracia;

¿qué, pues, ¿pecaremos porque no estamos bajo la ley, sino bajo la gracia? De ninguna manera.

¿No sabéis que si os sometéis a alguien como esclavos para obedecerle, sois esclavos de aquel a quien obedecéis, sea del pecado para muerte, o sea de la obediencia para justicia?

(Romanos 5:20; 6 :15-16 RVR).

Al hablar de la gracia debemos tener cuidado de no considerarla como una manta o frazada que nos cubre, y nos da una licencia para pecar.

Cuando Pablo comenzó a enseñarle a la gente de su época acerca de la ley y de la gracia, y de cómo la ley hace notorio el pecado, y que cuando el pecado abunda sobreabunda la gracia, los primeros creyentes estaban un poquito confundidos. "Si mientras más pecamos, razonaban, más abunda la gracia, y si Dios se deleita dándonos su gracia, entonces debemos pecar tanto como podamos a fin de recibir más gracia" (Romanos 6 15).

Así pues, Pablo les escribió para aclarar las cosas y ponerlos en el camino recto, diciéndoles: *¡De ninguna manera! ¿No saben que cuando ustedes pecan, se convierten en esclavos del pecado? ¿Cómo pueden seguir pecando cuando han sido declarados muertos al pecado?* (Romanos 6 16).

Como los creyentes en el tiempo de Pablo, nuestro problema no es sólo un falso concepto del pecado, sino también de la gracia. Cuando el Espíritu Santo nos muestra qué hacer para evitar el pecado y caminar en santidad, de inmediato procuramos hacerlo sin su ayuda. Luchamos, nos esforzamos, y terminamos frustrados, confundidos e infelices, sin comprender por qué continuamos fracasando.

Por eso yo enseño y predico este mensaje de gracia para que podamos comprender apropiadamente lo que ella es, por qué nos fue dada, y qué se supone debe realizar en nuestra vida, que no es otra cosa que *darnos poder para vivir una vida santa*. Creo que un estudio sobre la gracia no termina, sino aprendemos que éste debe ser el resultado final.

Gracia para vivir, y gracia para levantarse

Si yo he hecho mi parte ayudándole a comprender cómo recibir la gracia de Dios, entonces ambos, usted y yo, debemos ver un resultado positivo en nuestras vidas. El resultado es que seamos más y más santos cada día.

La gracia no es una excusa para permanecer en el mismo estado en el cual estamos pretendiendo que no tenemos que hacer nada por nosotros o con nuestras vidas, porque no estamos bajo la ley, sino bajo la gracia. Ese fue el error que los primeros cristianos estaban cometiendo. Por eso es que Pablo tuvo que reprenderlos, y corregir su manera de pensar.

Sí. La gracia de Dios nos libra de condenación aun cuando pecamos. La gracia de Dios mantiene nuestros nombres escritos en el Libro de la Vida del Cordero, aun cuando no somos perfectos. La Gracia nos salva, nos hace justos ante sus ojos, nos asegura sus bendiciones y un lugar en el cielo; nos lleva a través de esta vida dándonos paz en el alma y el corazón, y muchísimas otras cosas maravillosas. Pero la gracia de Dios hace mucho más que eso; también nos enseña a vivir como Dios quiere, esto es, en santidad.

Pero además de darnos poder para vivir, también fue dada para levantarnos del pecado.

Es peligroso ver un solo lado del asunto, debido a que eso nos lleva a una perspectiva desbalanceada. Por eso es que algunos ministros no predican el mensaje de la gracia, porque temen que los creyentes la usen como una excusa para pecar, para continuar como están, y que los lleve a vivir de manera desordenada e indisciplinada.

Pero yo tengo una perspectiva un poquito diferente de la gracia. Creo que si nadie enseña y predica acerca de la gracia, entonces los creyentes nunca estarán en capacidad de recibir el poder que necesitan para levantarse del pecado y superar los problemas. Estoy convencida de que la mayoría de cristianos no está buscando una excusa para pecar, sino el poder para vivir vidas santas. Si se les muestra cómo hacerlo, entonces cooperarán de todo corazón.

Por eso es que me encanta enseñar y predicar sobre el ministerio del Espíritu Santo, quien nos es dado para ayudarnos a comprender y vivir por la maravillosa gracia de Dios.

El Espíritu Santo revela la verdad y da poder al creyente

Siendo que por obediencia a la verdad mediante el Espíritu (Santo) han purificado sus corazones, por el sincero afecto a sus hermanos, ámense también unos a otros fervientemente con corazones puros

(1ª de Pedro 1:22).

Según este versículo, ¿cómo obedecemos a la verdad?

Mediante el Espíritu Santo.

¿Cómo obedecemos la verdad que el Espíritu Santo, el Espíritu de Verdad nos muestra?

Mediante su poder.

Como ya hemos visto, parte de la tarea del divino Espíritu es revelarnos la verdad: *Pero cuando él venga (el Espíritu de Verdad) los guiará a toda verdad* (Juan 16:13).

El Espíritu Santo es quien nos revela la Palabra de Dios, dándonos convicción de lo que hacemos mal, y mostrándonos las cosas correctas que debemos hacer. Ese es parte del proceso de santificación. Y una vez que él nos muestra lo malo que es necesario desechar, y lo bueno que debemos comenzar, retomaremos su palabra dependiendo de él a fin de que nos dé poder para lograrlo.

Si no hubiera sabido del poder del Espíritu Santo para hacer lo que él me reveló hacer, y para desechar lo que me mostró desechar, hubiera fracasado. Cuando veo mandamientos como el que encontramos en 1ª de Pedro 1:14-16, sobre no conformarnos a los deseos pecaminosos que gobernaban nuestra vida antes, cuando estábamos en ignorancia y no conocíamos los requerimientos del Evangelio, y acerca de ser santos como Dios es Santo, me doy cuenta de mi incapacidad para hacer todo eso sin ayuda.

Un mensaje sobre la santidad sin un mensaje sobre el poder, lo único que produce es presión. Porque induce a los creyentes a procurar vivir una vida santa sin saber cómo hacer lo que saben.

La clave del proceso de santificación es saber cuál es la parte de Dios, y cuál la nuestra. Ese conocimiento nos lo revela el Santo Espíritu, el Espíritu de Verdad que mora en nosotros, si estamos dispuestos a escuchar y a aprender.

La santidad requiere de un balance entre descanso y esfuerzo

Por lo tanto hermanos, en vista de (todas) las misericordias de Dios, hagan una decisiva dedicación de sus cuerpos (presentando todos sus miembros y facultades físicas) como un sacrificio vivo, santo (devoto y consagrado), y agradable a Dios, el cual es su servicio justo (racional e inteligente), y su adoración espiritual

(Romanos 12:1).

¿Sabe qué quiere decir Pablo en este pasaje? Que debemos dedicar a Dios todo lo nuestro, no solamente las posesiones, el dinero y el tiempo, la energía y los esfuerzos, también el cuerpo, la cabeza, la lengua, las manos, aun la mente y las emociones, y las actitudes.

Si realmente queremos llegar a la santidad, entonces, hasta nuestras mismas expresiones faciales deben ser agradables a Dios. Eso significa que cuando somos llamados a hacer algo para él, particularmente lo que no queremos, no sólo no debemos refunfuñar o quejarnos, tampoco un gesto de desagrado. Si queremos que la luz de la presencia de Dios brille sobre nosotros, entonces haremos que nuestro semblante refleje su gloria y su alabanza.

Debemos dedicar *todos* nuestros miembros y facultades a Dios como un sacrificio vivo, santo, devoto, consagrado (santificado), y agradable a Dios, el cual es nuestro sacrificio justo, racional e inteligente, y nuestra adoración espiritual.

Con frecuencia tenemos la impresión de que debemos servir y adorar a Dios totalmente, con nuestro cuerpo y espíritu, pero aquí Pablo dice que también debemos adorarlo con nuestra mente. Debemos estar dedicados al Señor no solo física y emocionalmente, sino también intelectual y racionalmente.

Esto es parte del balance que se produce cuando dedicamos cada miembro de nuestro cuerpo, tanto nuestra mente como nuestro corazón, a Dios y a su servicio.

La gracia de Dios no es algo que espontáneamente cae sobre nosotros. Debemos elegirla y escogerla. Debemos hacer una elección consciente y racional de vivir en santidad. La parte de Dios es darnos su Espíritu y su gracia. La nuestra es darle nuestra mente y voluntad.

Si llegamos a ser demasiado activos, o demasiado pasivos, tenemos un problema. Es necesario mantener un delicado balance entre esfuerzo y reposo, similar a echar lo que necesita su cuidado sobre él, y traspasarle también nuestra responsabilidad. Existe un verdadero balance que hace la diferencia entre descansar en el Señor, y ser pasivos en relación con las cosas de Dios.

La gente se confunde y experimenta fracaso y frustración en relación con casi toda doctrina bíblica porque, de una u otra manera, pierden el debido balance. Algunos son como el péndulo de un reloj; oscilan en su camino y se van hacia un lado. Luego, cuando ven que están desbalanceados, se van al otro extremo, lo cual es igualmente negativo. Parece que nunca son capaces de encontrar la línea central entre los dos extremos. Cuando el Espíritu les revela que están procurando hacer todas las cosas por sí mismos sin depender suficientemente de él, reaccionan desproporcionadamente. Oscilan entre ser totalmente independientes o dependientes. Renuncian a hacer cualquier cosa por sí mismos pensando que Dios lo hará todo por ellos sin que medie ningún esfuerzo de su parte. Donde solían pensar: "Tengo que hacerlo todo", su actitud ahora es: "Si es la voluntad de Dios que se haga, él tendrá cuidado de hacerlo". Dios quiere que echemos sobre él lo que requiere su cuidado, pero no nuestra responsabilidad.

"Estoy colocando lo que requiere su cuidado, y descansando en el Señor", es una buena confesión si está apoyada por la fe y la oración, lo cual es nuestra responsabilidad, no la de Dios.

Si usted y yo queremos tener una situación balanceada, permaneceremos en una estrecha relación con el Espíritu de verdad. La verdadera santidad es un esfuerzo combinado entre nosotros y el Espíritu Santo. Requiere de una clara comprensión de su parte y la nuestra, y un balance delicado entre las dos. Muchos creyentes retienen su cuidado y traspasan la responsabilidad. ¡Esto es un error! Entréguele su cuidado al Señor, y disfrute su reposo, pero esté siempre listo para cumplir con sus responsabilidades, capacitado por el poder de su gracia.

La naturaleza de la santidad

Así dice el Señor de los ejércitos: Pregunta ahora a los sacerdotes y decidan este asunto de la ley: Si alguno lleva en su falda o en su manto carne que es santa (porque ha sido ofrecida en sacrificio a Dios), y con la falda o con los flecos de su manto tocare pan, comida, vino, aceite o cualquier clase de alimento, ¿lo que toca será santificado (dedicado al exclusivo servicio de Dios?) Y los sacerdotes dijeron: ¡No! (la santidad no es contagiosa).

Entonces dijo Hageo: Si alguno que es (ceremonialmente) inmundo porque ha entrado en contacto con un cuerpo muerto, tocare alguna de estos alimentos, ¿serán (ceremonialmente) inmundos? Y respondieron los sacerdotes y dijeron: Inmundos serán (la inmundicia y la impiedad son contagiosas)

(Hageo 2:11-13).

Hemos definido la *santidad* como "separación para Dios", o separación que debe producir como resultado "una conducta digna en todos aquellos que son separados". En el Nuevo Testamento la misma palabra griega traducida como *santidad* es traducida también como *santificación,* de la cual afirma el diccionario griego que "no puede ser transferida o imputada". Eso significa que la santidad es una posesión individual que se construye poco a poco. No puede ser dada o tomada de otra persona.

En otras palabras, ni usted ni yo podemos ser santos haciendo fila para que oren, o por la imposición de las manos sobre nosotros, o asociándonos con alguien que es santo.

Como vemos en este pasaje del libro del profeta Hageo en el Antiguo Testamento, la impiedad es contagiosa, pero la santidad no. Lo que significa que usted y yo, al asociarnos con una persona que vive una vida pecaminosa, podemos contaminarnos de esa pecaminosidad. Podemos ser contagiados como se transmite una enfermedad. Por el contrario, no ocurre lo mismo con la santidad. No podemos adquirirla por contacto o exposición. Ésta tiene que ser elegida a propósito.

La santidad es individual

En relación con el creyente que es débil, acéptenlo (en su compañía), pero no para criticar sus opiniones, juzgar sus escrúpulos, o para confundirlo con discusiones.

Porque uno cree (su fe se lo permite) que puede comer de todo, mientras que otro más débil (se limita y) come legumbres.

Pero el que come no menosprecie al que se abstiene de comer, y quien no come, no critique ni juzgue al que come, porque Dios lo ha aceptado y le ha dado su acogida.

¿Quién eres tú para juzgar o censurar al sirviente ajeno? Es para su propio señor que cae o está en pié. Pero estará en pié y se sostendrá porque el Señor es poderoso para sostenerlo y hacerlo estar en pié

(Romanos 14:1-4).

Otra razón importante por la cual los creyentes fracasan en vivir una vida santa, además del problema de la errónea interpretación del asunto del pecado y la gracia, es que procuran vivir según las convicciones ajenas sobre la santidad.

Como hemos visto, la santidad es un asunto individual. Naturalmente, hay ciertas cosas que sabemos son malas para todos nosotros. Si usted no está todavía seguro de cuáles son estas cosas, leyendo su Biblia las descubrirá rápidamente. Pero hay muchas otras de las cuales Dios trata con nosotros en forma personal e individual. Y hay algunas sobre las cuales trata con nosotros de diferentes maneras y momentos de nuestra vida.

Uno de los peores errores que podemos cometer es procurar hacer lo que otros hacen o nos dicen que hagamos, sólo porque creen que esa es la voluntad de Dios para ellos.

Otro error en el cual caemos es muy similar al anterior. Tratar de hacer que otros hagan lo que nosotros hacemos, porque el Señor nos ha convencido de que esa es su voluntad para nosotros. Ambos son grandes, pero muy grandes errores.

Yo debo admitir que tengo una gran debilidad en esta área. No tanto en permitir que otros me influencien para hacer lo que ellos hacen, sino en pretender que los demás hagan lo que yo creo deben hacer.

Como lo mencioné al comienzo, pasé muchos años de frustración procurando cambiarme a mí misma. Finalmente aprendí a recibir la gracia de Dios, su poder transformador. Y tuve que aprender la misma lección en relación con los demás. Procuré cambiar a mi esposo Dave y a mis hijos. Pensé que sabía qué era lo correcto de acuerdo a la Palabra, y pasé mucho tiempo procurando convencerlos de los cambios que, según mi sentir, eran necesarios en sus personalidades, acciones y decisiones.

Mis "obras de la carne" sólo lograron empeorar el problema. Mi falla en aceptarlos tal como eran hirió nuestras relaciones personales, y ellos se sintieron criticados y rechazados. Sólo Dios puede cambiar un corazón humano. Nosotros podemos establecer reglas y leyes para las personas, pero ellas las alejan de nosotros. Al aprender a confiar en el Señor, él nos cambia a todos, y nuestro cambio de comportamiento proviene de un corazón "deseoso", no "obligado".

Como maestra poseo cierta habilidad para persuadir a la gente. Ese es un don para la enseñanza que fluye a través de mí. Tengo la unción del Señor para tomar su Palabra y convencer a otros que deben aceptarla y aplicarla en sus vidas. Pero esta es un área en la que necesito ser muy, pero muy cuidadosa. Debo ser muy cautelosa para no ir demasiado lejos, y no empezar a imponerle a los demás mis ideas y opiniones personales.

Al comienzo de mi ministerio, este era un gran problema para mí. Pretendía que los demás devoraran mis enseñanzas. Cada vez que tenía éxito en algo procuraba que todo el mundo experimentara lo mismo, presionándolos a hacer exactamente lo que yo hacía. Una pequeña victoria en mi vida y allí estaba yo, ¡dando lecciones de victoria!

Tenga cuidado con este tipo de cosas. Manténgase alerta para evitar que otros impongan sus convicciones sobre usted, como también que usted las imponga sobre ellos. La Biblia dice que debemos ser guiados por las insinuaciones del Espíritu Santo, y recordemos que el divino Espíritu nos es dado a cada uno con ese propósito.

El problema radica en que muchos creyentes no se contentan con oír y seguir las instrucciones particulares del Espíritu para ellos, permitiéndole a otros el mismo privilegio. Ellos piensan que todos en el cuerpo de Cristo tienen que hacer lo mismo, de la misma manera, al mismo tiempo y por la misma razón. Para ellos, cualquiera que no se ajusta a su patrón, o encaja dentro de su molde, está mortalmente equivocado y fuera de la voluntad de Dios. Al adoptar esta actitud, caen en la trampa de juzgar al siervo ajeno, acerca de la cual nos previene aquí el apóstol Pablo.

Es un problema nuestro pretender constantemente enderezar a los demás en lugar de poner nuestra casa en orden. A mí me ha tomado casi medio siglo descubrir esta verdad: ¡necesitamos tener cuidado y ocuparnos de nuestros propios asuntos!

La santidad es un asunto individual. Dios trata con ca-da uno de nosotros a su manera y en su tiempo. Todos es-tamos en diferentes estados de santificación, la cual es un proceso que el Espíritu Santo lleva a cabo de manera única e individual en cada creyente. Nuestro progreso personal se verá obstaculizado cuando nos involucramos más en el proceso ajeno que en el nuestro. Debemos ser cuidadosos de no estar tan interesados en lo que otros hacen o no, hasta el punto de que fallemos en cuanto a escuchar la voz del Espíritu, en lo relacionado con nuestra propia vida. Debemos aprender a cuidarnos de nuestros asuntos y dejar en las manos de Dios la crítica y el juicio sobre los demás.

No juzguemos

¿Por qué criticas o juzgas a tu hermano? O tú, ¿por qué menosprecias a tu hermano? Porque todos compareceremos ante el tribunal de Dios.

Porque está escrito: Vivo yo, dice el Señor, que ante mí se doblará toda rodilla y toda lengua confesará a Dios (lo reconocerá para su honra y alabanza).

De manera que cada uno de nosotros dará cuenta de sí (responderá en relación con el juicio) a Dios.

Así que ya no nos critiquemos, o culpemos o juzguemos unos a otros, mas bien decidamos no estorbarnos ni poner tropiezo en el camino del hermano

(Romanos 14: 10-13).

Cuando yo comparezca ante el tribunal de Dios, él no me preguntará por usted, ni a usted le preguntará por mí cuando esté ante su presencia. En la tierra Dios no me hará responsable por nadie más que Joyce Meyer.

Yo no sé cuánto tiempo he dejado de cooperar con el Señor para que él me enderece, pero sí quiero estar en capacidad de dar respuesta a las preguntas que él me haga. Si al presentarme ante él me pregunta: "Joyce, ¿por qué no me prestaste atención cuando trataba contigo acerca de tus faltas?", yo no quisiera tener que responder: "Bueno Señor, no tuve tiempo porque estaba demasiado ocupada procurando enderezar a mi esposo Dave".

Según este pasaje, cada uno de nosotros dará cuenta de sí ante Dios el Padre. Por eso es necesario que aprendamos a trabajar en nuestra propia santificación, y renunciar a obstaculizar, o estorbar, a nuestros hermanos y hermanas en Cristo, poniendo tropiezos en su camino. Jamás llegaremos a pensar o a creer exactamente igual en todas las cosas; por eso se nos dice que actuemos de acuerdo con nuestras propias convicciones, y que le permitamos a todos los demás hacer lo mismo.

Guárdelo para usted

Ejercite sus convicciones personales (en tales asuntos) como si estuviera ante la presencia de Dios, y guárdelas para usted (esforzándose solo por conocer la verdad y obedecer su voluntad). Bienaventurado (feliz) el que no encuentra razón para juzgarse a sí mismo por lo que aprueba (quien no se condena a sí mismo por las decisiones que hace).

Pero el hombre que tiene dudas (recelos y una consciencia intranquila) en relación con lo que come, cuando come es condenado (ante Dios) porque no actúa de acuerdo a sus convicciones y por fe. Porque lo que no se origina y procede de fe (cualquier cosa que se hace sin la convicción de la aprobación de Dios) es pecado
(Romanos 14:22-23).

Expresado o resumido con mayor claridad, diría lo siguiente:

Guarde sus convicciones personales (en este caso, sus ideas y opiniones basadas en lo que Dios le ha dicho que haga en una situación específica) *para usted, y no vaya por todo lado tratando de imponérselas a todos los demás.*

Con demasiada frecuencia parece que tenemos la idea: "Dios me dijo que no tomara cafeína, pues bien, ahora todo el mundo tiene que dejar de tomar cafeína. El Señor me dijo que no debo ingerir azúcar, por lo tanto es mi deber informarle a todos sobre la tierra la voluntad de Dios para que no utilicen más el azúcar".

Yo solía tener esa actitud. Cada vez que obtenía un nuevo conocimiento del Señor, inmediatamente me subía a la plataforma y empezaba a transmitirlo al mundo entero. Si estaba tomando alguna vitamina, todos tenían que hacerlo. Porque si Dios me había dicho a mí que lo hiciera, tambien a ellos debía decirles lo mismo.

Eso es lo que quería decir cuando mencioné lo de hacerle devorar mis convicciones a todos los demás. Esa *no* es nuestra tarea.

A veces tratamos de excusarnos o de justificar nuestras acciones, diciendo: "Bueno, solo estoy procurando ayudar". Necesitamos recordar que no somos nosotros, sino el Espíritu Santo quien es el Ayudador.

En mi propia vida y ministerio, cada vez que tengo el impulso de ayudar a alguien me contengo y oro: "Señor, ¿es tú deseo o es solo el mío?" Si espero un momento llega a ser claro en mi mente y corazón si lo que estoy a punto de hacer es una idea de Dios, o mía.

Ahora bien, no estoy diciendo que nunca debemos decirle algo a alguien, o que nunca deberíamos ofrecerle ayuda a quien está necesitado. Sencillamente creo que debemos estar seguros de nuestra verdadera motivación. ¿En realidad es para glorificar a Dios y levantar a otros, o es el deseo de exaltarnos haciéndolos a nuestra imagen y semejanza? ¿Tratamos realmente de ayudarlos o solamente somos autoritarios? ¿Es el orgullo carnal o la gracia de Dios lo que está actuando?

En Romanos 12:3 Pablo dice: *...por la gracia (el favor inmerecido) de Dios que me es dada amonesto a cada uno de ustedes a no tener de sí mismos más alto concepto del que deben tener (no tener una exagerada opinión de su propia importancia)...* Él estaba amonestando a los Romanos, o dicho de otra manera, corrigiéndolos, pero era lo suficientemente humilde para saber que debía hacerlo así por la gracia de Dios, no por celos carnales.

El versículo 23 de Romanos 14 nos dice que la persona que hace algo contra su consciencia (¡tal vez por causa *nuestra!*), atrae sobre sí condenación ante Dios. ¿Por qué razón? Porque no actúa con fe, no está siendo consistente con sus convicciones personales. Y lo que no se hace con fe, es pecado. Es decir, que cualquier cosa que se hace sin una convicción interior personal de que es aprobada por Dios, es pecado.

Estas son las principales razones por las cuales debemos estar constantemente en guardia contra la tentación de imponer nuestras convicciones a los demás. En lugar de guiarlo mediante la fe, quizás estemos haciendo lo contrario, tal vez empujándolo a pecar, cuando tratamos de guiar su vida según nuestras convicciones, en lugar de guiarla de acuerdo con las suyas, y la aprobación del Señor.

La santificación como un proceso

Y todos nosotros como con el rostro descubierto, continuamos mirando (en la Palabra de Dios) como en un espejo la gloria del Señor; somos continuamente transformados a su misma imagen en un siempre creciente esplendor, de un grado a otro de la gloria (porque esto proviene) del Señor (quien es) el Espíritu
(2ª de Corintios 3:18).

El apóstol Pablo afirma aquí que de acuerdo a como profundizamos en la Palabra de Dios, somos transformados a su imagen, yendo de gloria en gloria. Somos más gloriosos ahora que cuando comenzamos, y llegamos a ser más y más gloriosos en la medida en que avanzamos paso a paso hacia la santidad, teniendo todavía un largo camino por recorrer. Legalmente somos santos en Cristo. Pero experimentalmente, la santidad se manifiesta en nosotros en grados de gloria progresivos.

Por eso es que hablamos del *proceso* de la santificación. Parte de ese proceso es "la separación del creyente del mundo". De vez en cuando es necesario ponderar esta declaración: Como creyentes estamos en el mundo, pero no somos del mundo.

Aunque debemos procurarla "con fervor y sin desvíos", aunque debemos desearla en su plenitud y cooperar en su búsqueda, la santidad, o la "santificación", no es un logro, es el estado al cual Dios, por su gracia, llama al hombre pecador.

En Deuteronomio 7:22, Dios le dijo a los hijos de Israel que los liberaría de sus enemigos "poco a poco". De igual manera, en nuestra vida cristiana, no somos liberados de nuestros pecados de manera instantánea y sin esfuerzo, sin haber pasado antes por un proceso.

Queremos movernos del pecado a la santidad de una sola vez. Pero Dios dice que debemos proceder paso a paso. Cada paso hacia la santidad tiene que darse a lo largo del camino de la gracia, la cual, en este caso, es el poder de Dios que nos capacita para seguir avanzando. Si tratamos de avanzar por nuestro propio esfuerzo, sin depender de la gracia de Dios, fracasaremos porque sin ella reincidiremos en nuestras faltas y terminaremos frustrados.

No existe otra vía para hacer el viaje del estado de pecaminosidad al de santidad, excepto a la avenida de la gracia.

La santificación como
una semilla

Por lo tanto mis amados, como siempre han obedecido (mis sugerencias), así ahora, no sólo (con el mismo entusiasmo que mostrarían) en mi presencia, sino mucho más en mi ausencia, ocúpense de su propia salvación (cultívenla, busquénla y persigan el objetivo) con reverencia y santo temor (con serio cuidado y sensibilidad de consciencia, vigilantes contra la tentación, apartándose con temor de cualquier cosa que ofenda a Dios y deshonre el nombre de Cristo)

(Filipenses 2:12).

En la versión de *La Biblia Amplificada* este versículo es bastante largo y complicado, pero la esencia de su mensaje se expresa de manera clara y sencilla en la última parte del mismo en la versión bíblica *Reina Valera Revisada*: ...*ocupaos en vuestra salvación con temor y temblor.*

Puesto que Jesús es la semilla de la cual se habla en Gálatas 3:16, cuando él vino a vivir en nosotros por la persona del Espíritu Santo que nos fue dado por Dios el Padre, recibimos una semilla de santidad. Cuando Pablo nos dice que nos ocupemos de nuestra salvación con temor y temblor, da a entender que debemos cooperar plenamente con el Señor cultivando esa semilla de santidad que fue sembrada en nosotros.

Esa semilla de santidad debe ser regada con el agua de la Palabra de Dios (1ª de Corintios 3:6). Todos sabemos que cuando se riega una semilla, esta comienza a crecer. Al regar la semilla de santidad que está en nosotros, ella comienza a crecer y a extender sus ramas a cada parte de nuestro ser. Con el tiempo alcanza nuestra mente y afecta nuestro concepto de la vida. Alcanza nuestro corazón y afecta nuestra boca, porque de la abundancia del corazón habla la boca (Mateo 12:34 RVR). Alcanza nuestro cuerpo y afecta nuestras expresiones faciales, nuestras acciones y nuestro comportamiento hacia las demás personas. Llega a ser como un árbol o como una vid que crece profusamente y llena todas las partes de nuestro ser, de tal manera que no hay lugar en nosotros para otra cosa que no sea la santidad de Dios.

Esto es lo que entendemos también como el *proceso* de santificación o *crecimiento* en la gracia y conocimiento de nuestro Señor Jesucristo, llegando a ser como él en todo sentido (2ª de Pedro 3:18). No se desanime si todavía no ha llegado a su destino, si no ha alcanzado su meta. Siga avanzando que aunque sólo progrese pulgada a pulgada, esto aún sigue siendo progreso. Usted tambíen está en el proceso, igual que todos los demás.

La santificación es obra de Dios

(No por sus propias fuerzas) porque es Dios quien de hecho está obrando todo el tiempo en ustedes (dándoles el deseo, la energía y la capacidad) tanto para desear como para poder hacer todo lo que a él le agrada y satisface

(Filipenses 2:13).

¿Cómo es llevado a cabo este proceso de santificación? ¿Cómo se logra el crecimiento en la gracia? No por nuestras propias fuerzas, sino por el poder del Espíritu quien obra en nosotros para crear tanto la voluntad como la capacidad de hacer lo que le agrada al Padre.

¿Se ha dado cuenta que durante todo el tiempo que ha estado leyendo este libro, el Espíritu Santo ha estado obrando en usted, llevándolo a elegir hacer la voluntad de Dios? El Señor no lo leyó por usted, esta es su parte, pero produjo en usted el deseo de leerlo. Esa fue la parte de Dios.

De esta manera es cómo funciona el proceso de la santificación. Usted y yo recibimos el don del Espíritu Santo quien viene a morar en nosotros. Luego, a medida que nos sometemos, él obra en nuestro interior dándonos el deseo de hacer la voluntad de Dios, proveyéndonos la fuerza y el poder para realizarla.

Así pues, en lugar de decir que estamos obrando para agradar a Dios, es más exacto decir que él obra en nosotros dándonos el deseo de hacer lo que le agrada. En la medida en que nos sometemos y cooperamos con él, llegamos a ser más santos y santificados en nuestra experiencia práctica.

La palabra y el Espíritu

Por lo tanto, deshágdanse de toda inmundicia y de ese desenfrenado aumento de la maldad, y con espíritu de humildad (sencillo y apacible) reciban y denle la bienvenida a la Palabra implantada y arraigada (en sus corazones) la cual tiene poder para salvar sus almas.

Pero sean hacedores de la Palabra (obedezcan su mensaje), no sean solamente oidores, engañándose ustedes mismos (con razonamientos contrarios a la verdad) *(Santiago 1:22-23).*

La santificación es el resultado práctico de la santidad. Somos santificados cuando hemos tomado todos los pasos hacia la santidad, cuando todo el proceso ha terminado. El Espíritu Santo es uno de los agentes de ese proceso, pero hay otro: la Palabra.

Lo que ocurre es lo siguiente: Usted y yo oímos la Palabra de Dios, y luego el Espíritu la toma y la hace obrar en nosotros. No es nuestra tarea hacer que ella actúe. Pero sí lo es ser hacedores de ella mediante el poder del Espíritu que obra en nuestro interior. Pero no somos nosotros, sino el Espíritu quien hace que la Palabra actúe.

Por tanto tiempo se nos ha enseñado: "Escucha la Palabra,... escucha... escucha... escucha..." Y hemos estado escuchándola hasta que nos hemos llenado de ella. Eso es maravilloso. Yo le doy gracias a Dios por ello. Pero a pesar de oírla tanto, no estamos cambiando como debiéramos. Yo creo que la razón es que se ha pasado por alto un factor, y ese factor es el Espíritu.

No solamente debemos oír la Palabra, también estar sometidos al Espíritu Santo que habita en nosotros, el cual nos fue dado para darnos la capacidad de ser hacedores de la Palabra.

El hecho de oírla y hacer un esfuerzo honesto para aplicarla en nuestra vida no nos hace merecedores de que Dios haga algo por nosotros. Sólo merecemos la muerte y el infierno. Porque a los ojos de Dios, comparada con la justicia divina, todas nuestras justicias son como trapos de inmundicia (Isaías 64:6).

Necesitamos recibirla y darle la bienvenida con mansedumbre, porque sólo ella tiene el poder de salvar nuestras almas. Debemos presentarnos ante Dios con una actitud de humildad y decirle: "Padre, estoy tan agradecido por esta oportunidad de oír tu Palabra. Toma esta palabra que estoy escuchando y hazla obrar en y a través de mí. Espíritu divino, haz tu obra de santificación para que yo pueda ser todo lo que el Padre quiere que yo sea".

Necesitamos fijar nuestra mente en el Santo Espíritu todo el día. En cada oportunidad posible vuelva sus pensamientos a la presencia y al poder del Espíritu, diciéndole: "Santo Espíritu, ayúdame, enséñame, instrúyeme, capacítame, límpiame, santifícame. Confío totalmente en ti para que me guardes, porque tú sabes que no puedo hacerlo por mí mismo. Sin ti nada soy, nada puedo hacer, y nada merezco. Gracias por morar en mí, y por obrar en y a través de mí para la gloria de Dios el Padre".

Llegue y acérquese a Dios por fe y acción de gracias, apoyándose y descansando enteramente en él, permitiendo que su Palabra y su Santo Espíritu lo lleven, mediante el proceso de santificación, a la pureza y a la santidad. Esa es la única manera de alcanzarlas, la única forma de ser realmente refinado y purificado.

El Espíritu Santo como fuego purificador y jabón de lavadores

He aquí, yo envío mi mensajero el cual preparará el camino delante de mí. Y el Señor (el Mesías) a quien ustedes buscan, vendrá súbitamente a su templo; el mensajero o ángel del pacto a quien ustedes desean, he aquí que viene, dice el Señor de los ejércitos.

Pero, ¿quién podrá soportar el día de su venida? ¿Y quién podrá estar en pié cuando él aparezca? Porque él es como fuego purificador y como jabón de lavadores.

Se sentará para refinar y purificar la plata, y purificará a los sacerdotes, los hijos de Leví y los refinará como se refina el oro y la plata, para que ofrezcan al Señor ofrendas en justicia

(Malaquías 3:1-3).

Encontramos aquí una profecía del Antiguo Testamento acerca de Jesús, el Mesías, en la cual se le llama fuego purificador y jabón de lavadores. Más adelante, en el Nuevo Testamento, leemos que el Espíritu es como fuego. Juan el Bautista le dijo a la gente de su época: *Yo los bautizo con agua, pero detrás de mí viene uno que los bautizará con el Espíritu Santo y con fuego* (Mateo 3:11).

Hemos oído mucho acerca del Espíritu Santo como fuego, pero no tanto como jabón de lavadores.

El Espíritu y la palabra: el jabón y el agua

Sin embargo, lo que les digo es estrictamente la verdad, es provechoso (bueno, ventajoso, conveniente) para ustedes que yo me vaya. Porque si yo no me fuere, el Consolador (Consejero, Ayudador, Abogado, Intercesor, Confortador y Amigo Fiel) no vendría a ustedes (para tener una estrecha relación y comunión); pero si yo me voy, lo enviaré (para que tenga comunión con ustedes).

Pero cuando él venga, traerá convicción y convencerá al mundo de pecado, y de justicia (de la falta de rectitud de corazón y de una recta relación con Dios), y de juicio *(Juan 16:7-8)*.

En este pasaje Jesús habla a sus discípulos sobre los numeroso roles y funciones del Espíritu Santo, uno de los cuales es producir convicción de pecado, de justicia y de juicio. Posteriormente en Juan 17:17-19, oró a su Padre por sus discípulos:

Santifícalos (purifícalos, conságralos, sepáralos para ti, hazlos santos) por tu verdad; tu Palabra es verdad.

Como me has enviado al mundo, así también yo los envío.

Por ellos y en tu nombre yo me santifico (me dedico y me consagro) a mí mismo, para que ellos también sean santificados (dedicados, consagrados y hechos santos) en la verdad.

Hemos visto cómo el Espíritu Santo obra en nosotros revelándonos la verdad, convenciéndonos de pecado, de justicia y de juicio, y tomando la Palabra y haciéndola obrar en y por medio de nosotros. Ahora empezamos a verlo con otra luz, como Aquél que nos refina, purifica y santifica, limpiándonos de nuestros pecados.

En Efesios 5:25-27, leemos estas palabras del apóstol Pablo a la Iglesia:

Esposos, amen a sus esposas, así como Cristo amó a la Iglesia y se dio a sí mismo por ella.

Para santificarla, habiéndola limpiado lavándola con la Palabra.

A fin de presentar la Iglesia a sí mismo en glorioso esplendor, sin mancha ni arruga de ninguna clase (santa y sin falta).

Si usted y yo pudiéramos vernos a través de rayos X espirituales, veríamos una luz gloriosa brillando en y a través de nosotros. Pero, ¿sabe qué más veríamos dentro de nosotros? Una gran cantidad de puntos negros que representan las manchas que el pecado ha dejado en nuestras almas.

¿Qué se puede hacer para remover estas manchas de tal manera que podamos ser totalmente limpios y sin mancha?

¿Qué es lo que hacemos cuando nuestro vestido se mancha? Usamos agua y jabón. En estos pasajes hemos visto que el Espíritu Santo es como jabón de lavadores, y la Palabra de Dios como agua. Hemos aprendido que somos santificados por la Palabra y el Espíritu, como si aplicáramos agua y jabón.

Cuando mi esposo Dave y yo salimos a comer, me encanta pedir espaguetis, pero parece que cada vez que los como me salpico el vestido. Yo solía coger una servilleta y comenzaba a frotar procurando remover la mancha inmediatamente. Luego alguien me dijo que cuando hacía tal cosa la esparcía más, y la hacía más difícil de quitar. Me dijo que dejara quieta la mancha, y agregó: "Si esperas a llegar a casa, puedes coger una barra de jabón corriente y agua fría, y todas esas manchas desaparecerán". Pero como soy el tipo de persona a quien le gusta arreglar todo de inmediato, siempre me es difícil esperar para hacerlo de la manera correcta.

Así es como usted y yo nos comportamos en relación con las cosas de Dios. Pretendemos remover las manchas de pecado en nuestras almas dependiendo de nuestros esfuerzos propios, en lugar de ser pacientes y permitirle al Señor removerlas con agua y jabón: su Palabra y su Espíritu.

¿Pero qué hacemos si las manchas están tan impregnadas que una aplicación de agua y jabón no parece ser suficiente? Aplicamos más jabón y dejamos en remojo durante toda una noche. Hemos dicho que el jabón representa al Santo Espíritu, el Espíritu de gracia que ya definimos como el poder de Dios que viene a nuestra vida para efectuar en nosotros lo que no podemos realizar mediante nuestro esfuerzo propio.

¿Cómo removemos las manchas resistentes dejadas por el pecado? Aplicamos la gracia; gracia y más gracia. No más estregar, no más esfuerzo. Mayor poder es lo que necesitamos. Si una sola aplicación de la gracia de Dios no es suficiente, entonces necesitamos aplicar más dándole tiempo de que obre a fondo dentro de la mancha, saturándola completamente. Luego, cuando se aplique el agua de la Palabra, la mancha aflojará lo suficiente y desaparecerá.

Tenemos a nuestra disposición el agua de la Palabra y el jabón del Espíritu. Con ellos debemos estar en capacidad de ser testigos de la limpieza de todo el desorden y la suciedad que haya en nuestra vida.

Gracia para todos nuestros pecados

Más el Dios de toda gracia, que nos llamó a su gloria eterna en Jesucristo, después de que hayáis padecido un poco de tiempo, él mismo os perfeccione, afirme, fortalezca y establezca.

A él sea la gloria y el imperio por los siglos de los siglos. Amén

(1ª de Pedro 5:10,11 RVR).

¿Cuál debe ser nuestra reacción ante el pecado?

Puesto que somos cristianos, y amamos a Dios, no queremos pecar. Pero parece ser que no importa con cuánto empeño procuremos evitarlo, finalmente fracasamos y somos destituídos de la gloria de Dios (Romanos 3:23 RVR). ¿Qué clase de proceso sigue para encontrar paz con Dios y con usted mismo después de que ha pecado?

La mayoría de veces peco porque no espero y confío en el Señor, sino que procuro manejar las cosas por mi cuenta. En lugar de ser paciente y permitir que el Dios de toda gracia haga obrar todas las cosas para lo mejor, me precipito y trato de arreglar las cosas a mi manera. Casi siempre el resultado es desastroso.

El Espíritu Santo ha estado tratando conmigo lo relacionado con mi hábito de llegar a conclusiones precipitadas, y de juzgar las cosas antes de tiempo. Una actitud particular con la cual tengo problemas es la tendencia a formarme una opinión de otras personas, o de sus acciones y motivos, sin esperar que el Señor me revele cuál es la verdad realmente.

También tengo la tendencia a hablar demasiado, a expresar mis opiniones en forma demasiado rápida. Así pues, no es sorprendente que mi boca me meta en problemas. A veces digo algo que no debería decir y alguien resulta enojado conmigo. Aun entonces, en lugar de permitirle al Señor que maneje la situación, me pongo frenética y trato por mí misma de remover las manchas que he causado en la relación por mi impaciencia e impulsividad.

Cuando he cometido pecado, en lugar de aplicar una generosa cantidad de la poderosa gracia de Dios, generalmente trato de esparcir un poquito de complejo de culpa, remordimiento y condenación sobre el problema.

En lugar de confesarle mis pecados al Señor y recibir su perdón inmediatamente, pienso que debo "sufrir por algún tiempo". Doy vueltas preocupándome y sintiéndome mal, tratando de enderezar la situación y prometiéndole al Señor que si solo él me ayuda a superar ese lío, jamás volveré a cometer el mismo error otra vez.

He hecho eso tantas veces que por lo menos una cosa buena me ha quedado: he recibido mucha revelación sobre la gracia.

Así pues, tras haber dado vueltas armando todo este embrollo, lo que finalmente hago es detenerme y decir: "Señor, esto no me está llevando a ninguna parte. Sentirme culpable y lamentarlo no cambiará lo que ha ocurrido. Hacer resoluciones y promesas no me guardará de hacer lo mismo otra vez. Dejarme abrumar por la frustración no arreglará el asunto. Me someto a ti, y junto conmigo mi situación, pido tu gracia y misericordia para que me guarden en tu perfecta paz, y para que me den el poder de andar en tu camino y en tu voluntad".

En esencia lo que hago es arrepentirme, abrir el canal de la fe y pedirle al Señor que derrame su gracia a través de él. Le pido que me guarde del pecado de la presunción, que no me permita sacar conclusiones equivocadas ni juzgar las cosas y a las personas antes de tener todos los elementos de juicio.

La Palabra de Dios nos dice que recibimos sus promesas mediante la fe y la paciencia (Hebreos 6:12 RVR). Ella asegura que si nos disponemos a confiar en el Señor entregándonos a él por completo, él mismo nos perfeccionará y hará de nosotros lo que debemos ser, estableciéndonos, afirmándonos y fortaleciéndonos.

Después de todo, ¿por qué hemos de sufrir? Creo que muchas veces el sufrimiento proviene de no haber aprendido a confiar lo suficiente en el Señor para que nos guarde del pecado. Entonces, cuando caemos de nuevo en él somos infelices porque sentimos que le hemos fallado otra vez a Dios, y a nosotros mismos. Odiamos lo que hicimos y el hecho mismo de que no tenemos la capacidad de evitarlo.

La respuesta para el pecado es la gracia (Romanos 5:20). Cualquiera que sea la causa de nuestro pecado y de nuestro sufrimiento, si tan solo mantenemos abierto el canal de la fe, podemos seguir recibiendo la solución de Dios para todas nuestras necesidades. ¡Gracia... gracia... y más gracia!

Cuando veo mi iniquidad y que no puedo cambiar, experimento cierto tipo de sufrimiento hasta que Dios me libera de él. En realidad esto es algo positivo porque cuando llega su liberación (y siempre llega), me regocijo en la gracia de Dios.

La lucha del esfuerzo carnal no libera a nadie, pero la gracia de Dios jamás nos falla. Si usted tiene grandes problemas, recuerde que la gracia de Dios siempre es suficiente para fortalecerlo en cada debilidad (2ª de Corintios 12:9).

Dios no nos ofrece sencillamente gracia. Él nos ofrece gracia superabundante. ¡Gracia... gracia... y más gracia! Su provisión es generosa, copiosa y abundante; no importa cuánta utilicemos, siempre habrá más.

Lo animo para que entre a una nueva dimensión en su diario caminar con el Señor. Viva en su gracia y no en sus propias obras. ¡Los resultados serán sorprendentes!

Conclusión

En particular, el tema de la gracia ha sido el mensaje más importante con el cual el Señor me ha ministrado. Toda mi experiencia cristiana era una lucha antes de aprender sobre la gracia. Enseñarle al creyente lo que es la fe, y no enseñarle sobre la gracia es, en mi opinión, excluir un eslabón importante. A veces me refiero a ella como "el eslabón perdido" en el caminar por fe.

Gracia es el poder del Espíritu Santo disponible para hacer lo que debe en nuestras vidas; y poder para cambiar lo que debe ser modificado. Es la capacidad de Dios que nos viene con solo pedirla. La gracia es tan gloriosa que sería sumamente extensa mencionando todas sus maravillosas características.

Oro para que usted lea esta libro varias veces en los próximos años. Nosotros, quienes somos adictos a nuestras propias obras y esfuerzos, generalmente necesitamos varias aplicaciones del mensaje de la gracia para lograr sanidad a medida que enfrentamos la vida.

Recuerde: la gracia de Dios es exactamente lo opuesto a las obras de la carne. Vivir por gracia exigirá que cambie su enfoque de casi todas las cosas. No se desanime; eso toma su tiempo.

Recuerde siempre: cuando se siente frustrado es porque ha entrado al campo del esfuerzo personal, así que necesita volver de nuevo a la gracia de Dios. La gracia lo deja a usted fortalecido y calmado. Las obras lo debilitan, agotan su poder, y lo dejan frustrado y airado.

La gracia de Dios se recibe por medio de la fe. La fe no es la moneda que compra las bendiciones de Dios, sino la mano que las recibe.

Solamente oír la palabra *gracia* me hace saltar. La gracia de Dios hace fácil la tarea que hubiera sido difícil, o hasta imposible. Jesús dijo que su carga es liviana y fácil de llevar. Es el diablo quien desea poner cargas pesadas sobre nuestros hombros; la carga de las obras carnales; la de la ley y los esfuerzos carnales para guardarla. Pero Jesús ha prometido que si vamos a él nos dará descanso (Mateo 11:28-30).

No se dé por satisfecho sólo con la gracia suficiente que lo salva de la condenación eterna. No sólo reciba la gracia redentora; reciba gracia... gracia... y más gracia, para que pueda vivir de manera victoriosa y glorificar a Jesús en su vida diaria.

Acerca de la autora

Joyce Meyer ha estado enseñando la Palabra de Dios desde 1976, y en un ministerio de tiempo completo desde 1980. Como pastora asociada en el Centro de Vida Cristiana en San Luis, estado de Missouri, Estados Unidos de América, desarrolló, coordinó y enseñó en una reunión semanal conocida como "Vida en la Palabra". Después de cinco años el Señor la guió a finalizarlo, y a establecer su propio ministerio, al cual llamó "Vida en la Palabra, Inc".

El programa radial de Joyce, "Vida en la Palabra", se escucha en alrededor de 250 emisoras en toda la nación. Su programa televisivo de 30 minutos, "Vida en la Palabra con Joyce Meyer", se inició en 1993, y se emite a través de todos los Estados Unidos, y en varios países extranjeros. Su enseñanza mediante casetes de audio también se disfruta a escala internacional. Viaja ampliamente dictando conferencias sobre "Vida en la Palabra" tanto en el exterior como en algunas iglesias locales.

Joyce y su esposo Dave, administrador del ministerio "Vida en la Palabra", han estado casados por 30 años y tienen cuatro hijos. Tres ya están casados y el menor vive con ellos en Fenton, Missouri, un suburbio de la ciudad de San Luis.

Joyce cree que el llamado de Dios a su vida es para establecer a los creyentes en la Palabra de Dios. Ella afirma: "Jesús murió para liberar a los cautivos y son muchos los cristianos que tienen muy poca, o ninguna victoria en su vida diaria". Después de haber vivido la misma situación hace muchos años, y luego de haber aprendido a vivir en libertad y victoria aplicando la Palabra de Dios, Joyce está capacitada para liberar a los cautivos, y para cambiar *cenizas por hermosura.*

Joyce ha enseñado sobre la sanidad emocional y otros temas relacionados en reuniones a lo largo de todo el país, llevando ayuda a millares de personas. Ha grabado alrededor de 150 volúmenes de casetes de audio, y es la autora de 15 libros que ayudan al cuerpo de Cristo en diferentes tópicos.

Su "Paquete sobre Sanidad Emocional" contiene más de 23 horas de enseñanza sobre este tema. Los álbumes que contiene este paquete son: "Confianza"; "Hermosura por Cenizas"; "Manejando Sus Emociones"; "Amargura, Resentimiento y Falta de Perdón"; "Raíz de Rechazo"; y una cinta de audio de 90 minutos con música basada en pasajes escriturales titulada: "Sanando al Angustiado".

El "Paquete sobre la Mente", de Joyce, contiene cinco series diferentes sobre el tema de la mente: "Fortalezas y fantasías mentales", "Desierto mental", "La mente carnal", "La mente divagante", y "Mente, Boca, Maneras y actitudes". También contiene el poderoso libro de 260 páginas titulado: "La batalla de la mente". Sobre el tema del amor tiene dos series de casetes tituladas: "El amor es...", y "El amor: El ultimo poder".

Escriba a la oficina de Joyce para solicitar un catálogo y mayor información sobre cómo obtener las cintas que usted necesita para lograr la sanidad total en su vida.

Para establecer contacto con la autora escriba a:

Joyce Meyer
Life In The Word, Inc.
P.O.Box 655
Fenton, Missouri 63026,
o llame al teléfono
(314) 343-0303

Por favor, cuando escriba incluya el testimonio,
o el comentario sobre la ayuda que ha recibido
a través de este libro.
Su petición de oración también será bien recibida.
En Canadá escriba, por favor, a:
Joyce Meyer Ministries Canada, Inc
P.O.Box 2995
London, Ontario N6A 4H9

En Australia escriba, por favor, a:
Joyce Meyer Ministries-Australia
Locked Bag 77
Mansfiel Delivery Centre
Queensland 4122

O llame al
(07) 3349 1200

Otros libros en español de Joyce Meyer

La palabra El nombre La sangre
Belleza en lugar de ceniza
Diles que les amo
Paz
Sanidad para el corazón herido
Espera un mover de Dios
La decisión más importante
El campo de batalla de la mente
Si no fuera por la gracia de Dios